走自己的路

——學徒發明家**沈順從**打拚改變命運

沈順從 口述　　楊麗玲 採訪撰寫

U0044569

目錄

自序　IV

【第一篇】人道

1. 勇氣和能力，都是逼出來的　2

2. 「將來」太久，「現在」比較重要！　9

3. 肯定，由別人給；自信，靠自己建立　17

4. 歹歹馬也有一步踢　23

5. 不親自試試，怎知道行不行？　27

6. 永不放棄的奮鬥意志　32

7. 六十歲學習電腦製圖　36

8. 用打拚改變命運　42

9. 有時間後悔、抱怨，不如承擔失誤，當機立斷　49

【第二篇】商道

1. 紮穩基本工，累積專業經驗　54

2. 留路給人走，自己的路也會更開闊　58

3. 我的種茶私房術　63

4. 挫折是對未來的祝福　73

　　● 歷代飄逸杯‧革新進行曲　81

5. 健康、環保帶著走　102

　　● 歷代行動拍檔‧革新進行曲　103

6. 一條寂寞、艱辛而充實的路　114

7. 品質是最好的行銷　119

8. 逆轉勝的行銷手法　125

【第三篇】世道

1. 為善想到就做，手腳要快　132

2. 曾誤認慈濟是老鼠會──接觸慈濟的因緣契機　137

3. 慈濟環保系列產品是怎麼來的？──研發背後的精采、辛勞與真相　140

　　● 歷代環保筷・革新進行曲　142

　　● 其他環保系列產品　148

4. 救急，也救窮；窮人的苦，我懂　157

5. 最不乖的埔里行動組──道格、賀伯颱風勘災紀實　162

6. 駱駝車隊，救災跑第一──樂幫菩薩跑腿、扮千里眼與順風耳　181

7. 有問題不說，怎麼會改？　194

8. 情義月光 VS. 真實人生　196

9. 圓一個綠建築的夢　203

10. 做人互相，有能力時就要多幫助別人──

　　　創建雞朝文創故事館的初衷與願景　207

種樹的男人 ————— 沈順從

我從來沒想過有朝一日，自己會出一本書，就像我從未想過自己平凡的人生會被慈濟大愛電視台拍成40集連續劇，播出後，還得了許多大獎。

小時候，我只想過要好好工作、努力賺錢，讓阿嬤、父母、妹妹們得到溫飽、過好日子。我們家族曾經是鹿谷小半天一帶的地主，雖不富有，卻也根砥紮實，但因父親屢屢投資失敗，不斷賣田賣地，財富散盡，家道中落，經濟陷入困境，一度還淪為三級貧戶，租住在由廢棄雞寮簡陋搭蓋的破舊房舍裡，三餐不繼，連學費都繳不出來，因此雖然功課不錯，父親和老師也都鼓勵我繼續升學，但我仍決定在小學畢業後，就去當學徒、做黑手。

雖然生活極窮、極苦，我從未失去奮鬥向上的意志。成長過程，嘗盡酸甜苦辣，歷盡人情冷暖，也遭過許多冷眼嘲諷。

有人曾問我，歷經那麼多磨難、挫折、打擊、傷害，都不會心存怨懟嗎？我的回答是，不如將那些都視為磨練心智、學習成長的逆增上緣，與其怨天尤人，我反倒更願意將精神用來銘記感念所有曾經幫助過我們家族的恩人。

我很喜歡一則從網路上看來的小寓言，大意是這樣的：

有兩個人穿越沙漠，途中因故爭吵，甲甩了乙一個耳光，乙就用枯枝在沙上寫著：「今天那人打了我一個耳光。」兩人繼續往前

走，忽遇風暴，乙不慎跌進流沙，幸虧抱住石頭，甲伸手將乙拉上後，乙用刀子在石頭上刻下：「今天那人救了我一命。」甲好奇地問：「為什麼我打你時，你寫在沙上，我救你時，你卻用刀刻在石頭上？」乙回答：「當別人對不起我時，記在沙上，希望很快就會被風吹散，但當別人有恩於我，希望永遠銘記，所以就刻在石頭上。」

　　會決定要出版這本書，正是抱持同樣的人生態度。

　　由於很多恩人比我富有、也有些恩人找不到了，難以回報，因此就希望能如實將曾受過的幫助記錄下來，寫成書，作為永遠的銘記，並將感恩之心，化為大愛，在自己有能力時，持續回饋社會，幫助社會上的弱勢族群。

　　同時也希望將自己在人生道途上的奮鬥過程、專業理念、以及在種茶、產品研發等方面的小小心得與眾分享，讓經驗得以傳承。

　　飄逸杯及行動拍檔系列產品行銷全球多年，我何嘗不清楚各地仿冒猖獗？尤以大陸地區最嚴重，時常有不肖業者魚目混珠、削價競爭，不僅損及飄逸商譽，更糟的是，傷害了消費者權益，讓消費者買回去後，無法使用滿意，蒙受損失。

　　但仿冒事件千絲萬縷，牽連甚廣，往往防不勝防、抓不勝抓，飄逸只是一家小小公司，實在無力步步為營、積極全面防堵，也無法與

眾多不肖業者周旋，打無窮無盡的官司，只能消極地顧好品質，精益求精，提供最佳服務。

因此，也希望藉由這本書向所有消費者傳達感恩、以及致歉之意。

這本書出版後，我將逐漸退居幕後（事業交由年輕人去打拼），放下發明家的身份，當個種樹的男人——以種樹護地球，主力放在松樹及油杉栽培，油杉是從冰河時期就留傳下來的。這在台灣是保育樹種，很難繁殖，培育，但天下無難事，只怕有心人，在園藝農事上，我雖非專家，但這幾年來用心投入，也累積了不少心得與經驗，日後有機會，也不吝於藏私，樂與各界分享。

為何選擇這兩項樹種也有原因。

我母親五十多歲死於子宮癌（後轉移併發胃癌），父親七十六歲死於肝癌，據藥典記載油杉主治癘疽、消腫解毒，二十年前台大教授就曾研究油杉對癌症之療效，聽說因基材取得不易而放棄研究；1982年我太太因嚴重車禍需植皮（整隻左腳的皮全割下來植在右腳），導致兩腳（大腿及小腿）皮膚都沒有毛細孔，常因無法散熱奇癢無比，稍不慎就變成蜂窩性組織發炎，以前幾乎每個月有十多天在醫院打點滴，嚴重時幾乎整月都要打點滴，每天吃消炎藥，體質受到相當大的影響，也有了高血壓，晚上睡覺時手腳冰冷睡不著，在一個機緣下，我種了很多松、也看了很多書籍自行研究松的療效，並以太太為試驗，發現效果不錯，近十年來，太太每年進醫院不會超過兩次，甚至整年都不必進醫院，也不必吃高血壓藥，因我不是醫生、也非生物專家，只能用土法摸索、繼續研究，希望能完全醫好太太的宿疾。

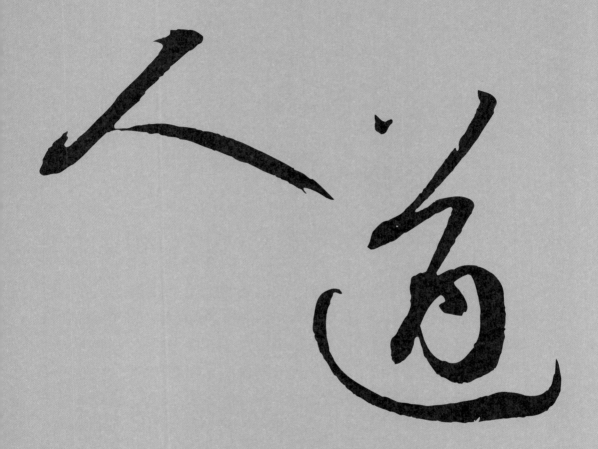

【第一篇】

人道

做人最重要是
——實在、勤快、認真、自信、決心、執行力。

1. 勇氣和能力，都是逼出來的

孔子說過一句話：「吾少也賤，故多能鄙事。」

我只有小學畢業，對古來聖賢的至理明言所知有限，但這句話用來形容我，倒是很貼切。

許多朋友看我在處理事情時，常會這麼說：「沈仔，你怎麼會懂這麼多？好像樣樣都會？」

「逼到了嘛！」我都笑一笑回答，聳聳肩，繼續做事。

這是真話，不是故作姿態。

在我的人生中，挑戰和考驗總是一波接著一波來，而我沒有退路，只能往前衝，當困難逼到眼前，不解決就活不下去時，不設法找出活路行嗎？

小時候，我的家境非常貧困，父母為了生計，都到山上工作，家裡只有阿嬤、我、和幾個稚齡的妹妹，阿嬤年歲已高，為了照顧我們幾個小孩費盡心力，家中卻還是三餐不繼，如果不自己找吃的，就會餓肚子。身為長子的我，常就帶著妹妹們到小溪裡抓魚蝦、到垃圾場撿破銅爛鐵、到田裡撿農夫收割後不要的農作物、到山上找野菜、野果，撈浮萍給雞吃，雞養大，賣了錢，貼補家用，逢年過節還可以加菜。

如果，溫飽沒問題，或許我也會像一般孩子那樣，下了課，書包一丟就跑出去玩，但是我不行，我得想著如何活下去。

為了找活路，人的潛力就會被逼出來，否則就是坐以待斃。

每個人環境不同，先天、後天資質、條件也不同，如果因為環境差、資質差、條件差，覺得處處不如人，就認命、隨波逐流，那就真的會終生受限於惡劣的環境和條件，畢生庸庸碌碌，一無所獲；但我

雖相信命運，卻不認命，即使主客觀條件都屈居劣勢，也絕不認輸，就算拚到頭破血流，也不肯向命運低頭。

因為不認輸，就算遇到再大的困難，也會逼著自己去突破、去挑戰。

人窮志不窮，困頓逼出生存力

如果說，這一生，父親給過我最大的正面影響，那就是「不管多窮，做人就是要有志氣」。

父親一生循規蹈矩，但也是被生活困境逼到了，曾經為補貼家計，偷偷到山上砍柴，用腳踏車載到街市販賣——這在當年是法令嚴格禁止的。有一回，父親被逮個正著，在警局裡，警察盤問後，同情他的處境艱難，網開一面，沒有依法嚴辦，之後，還主動為我們家申請貧戶救濟及一幢小房子——這對當時住在破舊雞寮的我們來說，不啻是天大福音，但若接受，門牌會被寫上「貧字××號」，父親拒絕房子，寧願繼續住在破舊的雞寮，也不願讓孩子蒙上印記（但我們被列為三級貧戶，當年三大節日，可領白米，沒有現金）。

人窮，志不窮——這件事一直讓我印象深刻。

只要志氣仍在，就算窮到極點，天也無絕人之路。

不是有一句俗諺說，窮則變，變則通嗎？

我自幼個子小，又瘦又矮，小學畢業時，身高也才一百三十多公分，那時為了讓家裡柴火不缺，時常得出去撿柴，但力氣小，拖不動，就把柴綑在一起設法用拖的，但整綑柴很難拖動，只好又在綁好的柴綑下綁兩根柴，減少摩擦力，不就也解決了拖不動的問題？遇到困難，只要願意用心、動腦袋，就算條件比別人家差，也一定可以找出變通的辦法。

● 大人：右起父親、阿嬤、母親；小孩右起：二妹、沈順從、大妹、三妹。

　　還記得年幼時，大夥兒去溪裡抓魚蝦，一般人都用畚箕去撈，並非每回都能收穫豐富，對其他人家的孩子來說，到溪中抓魚蝦，嬉戲的樂趣可能比實質收穫的意義大，但我若抓不到，阿嬤和妹妹們就沒得吃，因此我就會動腦袋，非抓到不可，設法「做水」──先用石頭和草把水道做出來，然後將旁邊的水面打亂，將魚趨趕到陷井裡；又例如抓田蛙，許多孩子一看到田蛙就雙手撲下去抓，我卻是等著，待水靜止、清澈了，確定田蛙藏身處微微隆起的位置，才迅雷不及掩耳地出手；又例如田裡、水裡到處都有鱔魚的蹤跡，仔細觀察後，我發現鱔魚喜歡躲在田梗處，鱔魚又小又滑溜，非常難抓，我就先用草將

水圍起來，依著氣泡的變化，看準方位再一舉手到擒來………

這些小技倆，並非我天生厲害，每樣都是逼到了，才想出辦法來的。

壓力轉助力，豆芽菜故事

小學畢業後，拿著堂伯資助的100元，和堂兄、朋友到台中找工作，買了三人的車票，身上的錢也幾乎花光了，付不出職業介紹所要求的每人30元介紹費，找不到工作，吃飯、睡覺的地方也沒著落，在路邊徘徊，看到警察從面前經過——當時，我才十四歲，過去一直住在鄉下，沒見過世面，要主動和大人說話，說不緊張是騙人的，何況對方是代表著權威的警察——我還是鼓起勇氣上前求助。

運氣很好，那天，和警察走在一起的先生是台中就業輔導處主任，同情我們的處境，願意協助，我才終於有機會進入一家印刷電路廠的模具部當學徒。當初，如果不是走投無路了，我可能沒勇氣主動向警察求助，當然也就沒有了所謂的好運氣。

進了工廠，一開始，根本搞不清楚那家工廠是做什麼的？

但既來之，則安之，師傅叫我做什麼，我就盡力把事情做好，之後，才知道師傅早已另有高就，預定日期一到，要跳槽到另一家大公司，老闆請不到其他師傅，就把所有工作都丟給我們幾個學徒試試看，大家都不知所措。

又是逼到了。訂單交下來，客戶等著要貨，事情迫在眉睫，不面對也不行啊！雖然才學了很短的時間，技藝經驗都很粗淺，我還是鼓起勇氣接受挑戰，認真試試看，竟然也就試成功了！

很難想像吧，才14歲的我，就這樣被迫升格當師傅，開始獨當一面。

　　之後，25歲結婚，婚後經濟壓力加重，既要養家、奉養父母、又要為父親還債，雖然在當時的工廠裡備受器重，薪水、獎金不低，依舊入不敷出，沒有任何資源和背景的我，只好硬著頭皮借錢創業，向岳父租借廢棄的豬舍略作整修，買了一部沖床機器和一部鑽床機器，就當起老闆了。而既然開設工廠，就得確保訂單源源不絕、營運順利，從來沒有作過生意的我，向來既自卑又害羞，卻也只能逼著自己勤於跑業務、學習和人交際應酬。

　　每當遇到困難和挑戰，壓力當然如影隨形，如果害怕壓力，選擇逃避，也就侷限了進步與成長。

　　現在的年輕人，似乎很怕遇到困難，抗壓力極差。

　　其實，我反而覺得，困難和壓力才是進步成長的動力。

　　太安逸的環境，容易讓人怠惰、得過且過，而在困難和壓力下，往往能逼迫一個人變得強壯。

　　不僅人如此，就連植物也是如此。

　　中國時報曾刊載一則報導，之後又被網路大量轉載，內容大約是說：

　　一般人種豆芽菜，種子丟進培養皿，隨它愛怎麼長就怎麼長，就算給予豐富的養份、水份，依舊長得又細又乾；但專業種豆芽菜就不是這樣囉！灑下種子時，專家會在培養皿上方蓋一層厚重的玻璃，當種子冒芽時，因為遇到壓力，必須努力成長，讓芽身肥壯才能撐起重壓，所以豆芽菜長得又肥又壯。據說福華飯店有一道名菜「炒豆芽」，豆芽胖到裡裡可以塞肉，就是這種出來的。

　　壓力，一直是推動人類社會往前進步的強效催化劑，用來印證我

的人生過程，似乎也非常貼切。

例如，2010年要為新工廠的戶外地坪植草，採用植草磚（種草皮貨櫃車無法行駛），2600多坪的地要全部種，草皮用量大，要把大草皮剪成小草皮，才一個早上，工人的手都起泡了，到下午，6個工人只剩一人願意留下來，工頭回報要我想辦法，我請教所有懂園藝的朋友、也上網查詢，只要誰說出不一樣的方法就試，卻怎麼試都不行——若量少沒問題，但面積一大就沒輒。最後只好用上我最專精的冲床方式，才解決請不到工人的困境。這也是被逼出來的。

在我的人生中，許多時候都像是「置之死地而後生」，遇到難

● 植草磚。

7

關，不突破不行，只能逼著自己成長（被逼的感覺不是很好，却很有效），全力以赴，不容失敗，一次次的成長，都會帶來更大的發展，路也越走越寬。

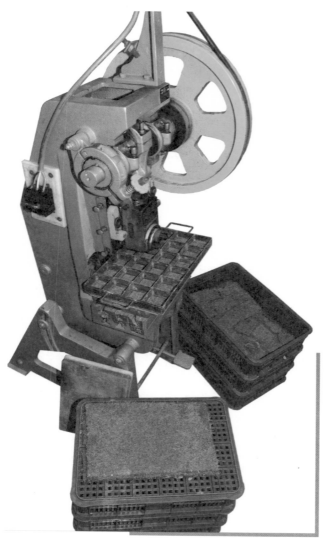

• 用沖床把大草皮40公分×30分、沖成小塊7公分
　×7公分。

2. 「將來」太久，「現在」比較重要！

現代社會強調「美好的未來與願景」，年輕人之間很流行一些口號，例如「有夢最美」、「讓夢想起飛」、「我的未來不是夢」……這些話都對，也極有振奮人心的鼓舞作用。問題是，夢想可以天馬行空，卻不能保證未來的美好，許多時候，現實是很殘酷的。

無論夢想多美好、多偉大，如果連「現在」都無法立足，要如何一步步走向光明的未來？實現美麗的夢想？

我是在鹿谷一處俗名為「小半天」的鄉下地方出生的，那時，家裡原本還有不少良田，在當地稱得上是大戶人家，父親9歲時，阿公就過世了，阿嬤是典型的傳統婦女，把九個兒女拉拔長大，向以丈夫為天的她，在丈夫死後，就以兒子為重，雖然對於兒子時常帶著長工到處遊玩喝酒、胡亂投資的行徑，不以為然，卻也無力阻擋。

父親滿懷遠大的夢想，一心想致富，投資過旅館、木材生意，卻屢戰屢敗，投資失利，就變賣田產還債，然後繼續借錢開銷，以債養債，很快就家道中落。

最後，連祖厝也賣了，只好舉家搬到竹山富洲里，在那裏買了七、八分田地、也蓋了一間房子，還記得那時候的房子，就蓋在高壓電塔附近，而我也到了該入學的年紀，在社寮國小就讀，二年級時轉到中洲國小，家裡的經濟，每況愈下，到我四年級時家裡又欠了大筆債務，只好再賣掉房子、田地還債，搬到埔里，父親以還債餘錢買下三分田地，卻經不起堂伯的遊說，將原本打算用來買房子的錢投資林木生意，不久，田地就抵押幫堂伯付工錢，繼而又因堂伯還不了錢，

將田地也賣了，一度曾連房租都付不出來，全家人差點流落街頭，幸虧得到柱叔公（父親時常為他打工）協助，租住到他家廢棄的雞寮——埔里北門里（現今之北梅里）梅仔腳附近，廢棄的雞寮雖簡陋破舊，但總算能夠勉強棲身度日。

　　雖然輾轉遷徙，不斷被迫換學校，但我的功課不差，考上初中絕無問題，無論經濟有多困難，父親一貫堅持我該好好受教育，未來才有出息，疼愛我的老師，更是鼓勵我一定要繼續升學，甚至免費幫我補習，大家都把希望寄託在將來，彷彿只要好好唸書，就能前程似錦。

● 小半天沈家，左大女兒恬君、右沈順從。

● 雞條丫內共用晒場。左四妹、大妹。

暫時的妥協不代表放棄夢想

有夢，當然很美。

問題是，家裡太窮了，窮到無立錐之地，窮到連小學的微薄學費也繳不出來啊！

對一個孩子來，每天被催繳學費，卻只能低頭無言以對，丟臉到只想挖個洞躲起來，那種壓力沒有嘗過的人，是難以體會的，莫說是我，妹妹們處境相同，因此總是很不願意去上學，哪還有心情好好學習？（因為窮，六兄妹中有三個小學沒畢業）

「學問就是財富，受教育，將來才會有出路……再苦也要堅持下去，絕不能放棄……」畢業前夕，老師一再鼓勵我，這些話，相信任

• 由楊麗玲小姐依沈順從口述繪出舊雞朝樣貌。

❶雞朝仔共有十多戶人家。❷這是沈家在此租住十餘年的房舍。❸現為信義路。
❹現為「李仔哥爌肉飯」。❺西安路。

何人聽了，都會覺得很有道理。

但是，如果現在都顧不了，還奢談什麼未來？

「將來太久，現在比較重要。」我雖感恩，仍老實說出自己的想法。

如果有條件繼續讀書，我又何嘗願意失學？當條件不允許，卻懷著遙不可及的夢想，所謂的「受教育，將來才有出路」的說法，不過是痴人夢話，畫餅充飢的假象吧！因為家裡三餐不繼，連最起碼的學費都籌不出來呀！

終究，我還是不顧父親反對，也辜負老師的期待，堅持放棄升學——這件事，讓父親耿耿於懷，對我一直不諒解。

但放棄升學，並不意味著就放棄人生。

剛畢業時，我天天待在家裡，清晨，從簡陋的木條窗望見昔日同學們揹著書包去上初中，內心很不是滋味，偶爾走在路上，遠遠瞧見昔日同學，也不敢打招呼，只想趕緊躲開。

當時我心想，整天窩在家裡也不是辦法，那麼，我能做什麼呢？

小時候寫作文，題目常有：我的志願。和許多孩子一樣，我的志願曾經是當老師，但是當老師得念很多書，拿到學位，而我既已放棄升學，當然做不成老師；曾經，我還一度想當將軍呢！但印象中，將軍都是身材高大，外貌英勇威武，偏偏我卻身材矮小，恐怕與此無緣，那還能做什麼呢？既然家裡這麼窮，那就先認真賺錢，改善家中經濟吧？但要賺錢也不容易，或許到工廠當學徒，一技在身，將來或許還有機會當上廠長。

一個14歲孩子稚氣的夢想！

當時，有幾個也放棄升學的昔日同窗在埔里當學徒，沒薪水、三餐自理，還得協助家務，甚至幫老板娘帶孩子、洗衣服，即使條件這

麼苛,就業機會仍相當有限,而且,我完全沒人脈、背景,無長輩提攜介紹,根本不知道哪裡願意招收學徒?那時候,能想到最遠、最繁華的地方,就是台中,因此決定去台中碰碰運氣(當時的我從沒去過台中、連台中在那一邊都不知道),找到一家模具工廠願意用我,因緣際會地,很快就從學徒升格為師傅,之後,在短短幾年內,我就真的跳升當上了廠長——那時我才十八、九歲,都還沒當兵呢!

• 民國五十四年小學畢業照,前右五蕭春魁老師、第三排右二沈順從、右上角放大照第二排右二沈順從。

立足現在,夢想未來

於今回想起來,如果當年我勉強升學,可能一直在繳不出學費的陰影和自卑中度過,結果書也沒能好好念,畢業後一無是處也說不定。

　　許多人都會把夢想寄託於未來。「等將來事業有成了，再來做善事」、「等將來有錢有閒了，再來運動、養身」、「等將來父母年紀大了，再接來同住好好陪他們」、「等將來再去學開車」、等將來如何如何……，對未來有期待、有寄望固然是好，但「將來」太渺茫了，人生無常，誰都不知道下一刻會發生什麼意外或變化，如果凡事都寄望將來，可能反而永遠沒將來。

　　我總認為，將來，是每一個現在的累積，與其夢想未來，不如把握當下，務實地做好「現在」，把現在能做的事，每樣都認真做好，一天天持續不懈，一樣樣累積起來，不就是締造了美好的「將來」嗎？而且，心裡會很踏實，每一步都走得很穩健。

　　即使現在能做的事，看似卑微，也千萬不要妄自菲薄。

　　以前，在工廠做事時，發現有些學徒會認為自己所做的事情不重要，因此懶得用心，敷衍了事，一心只期待趕快當上師傅——但這樣的態度，怎麼可能學到真功夫？就算磨了三年六個月，勉強出師了，技術專業恐怕也只是個半吊子；也有些師傅覺得拿人薪水，做再多也是在替老板賺錢，太辛苦划不來，寄望將來自己開廠、賺大錢，但這種人往往是好高騖遠，就算將來真的有機會創業了，又如何要求請來的師傅和自己同心打拚呢？

　　我從不因為自己是個學徒，就看輕自己，對師傅交待的事，一定認真做好；升格當師傅後，自我要求更高，面對每件交付下來的工作，都全力以赴，絕不打馬虎眼。

　　曾經有其他師傅跟我說：「沈仔，這麼拼是要幹什麼？你愈拼，老板就會丟更多工作下來，薪水也沒有領更多，累死自己，何必呢？」

　　我笑一笑。

　　其實，模具這一行很複雜，即使工廠專精於某個類項，但每張訂

單，每個不同的模具，在技術上都有其獨特處，「現在」我做得愈多，就會學到更多不同的技術、在專業上有所突破，如此，才可望為「將來」奠定更好的基礎。

　　仍是那句話：「將來」太遠，「現在」比較重要，沒有「現在」，怎麼會有「將來」？

3. 肯定，由別人給；自信，靠自己建立

美國哲學家愛默生曾說過：「自信，是成功的第一祕訣。」

我認同這句話。一個人有自信，會勇於接受挑戰，即使一時陷入絕境，也會拚出活路來；相反地，一個缺乏自信的人，卻寸步難行，就算機會從天上掉下來，也會瞻前顧後，猶豫不決，缺乏向前闖關的勇氣。

自信的力量有多大？

聽說有一位知名女歌手，首次登台演出時，看到台下數千名觀眾，手心不斷冒汗，心想：「要是在舞台上緊張忘詞，怎麼辦？」她心跳加速，幾乎想臨陣脫逃了。

這時候有位歌壇前輩塞了一張小紙卷到她手心裡，說：「裡面寫著歌詞，萬一在舞台上忘詞，就悄悄打開來看。」她握著小紙卷，像握著救命繩索，心裡踏實多了，上台表現優異。

下台後，她高興地向那位前輩致謝。前輩笑著說：「其實，我給妳的，只是一張白紙。」女歌手攤開小紙卷一看，裡面果然沒寫半個字，她很驚訝自己居然靠著手握一張白紙，順利度過難關。

「妳握住的並非歌詞、也非白紙，而是握住自信。」前輩語重心長地說。

女歌手恍然大悟，在此後的人生路上，憑著握住自信，度過一次又一次考驗，獲得極大的成功。

這是一個發人深省的故事，讓人見識到自信的力量。

但我卻要進一步說，白紙終究只是白紙，並不能憑空帶給人自

信，女歌手之所以能握住自信，終究還是因為自信擁有好歌喉，並且不斷磨練，歌藝漸上層樓，才獲致成功的。

然而在這世界上，缺乏自信的人，恐怕遠比擁有自信的人多。

扎穩自信，一步一腳印

或許有些天之驕子，出身富裕，資質聰穎，自幼無論做什麼事，都一帆風順，得到大家的讚賞，彷彿天生就自信滿滿，若偶爾緊張，暫時失去自信，像女歌手那樣得到一張白紙的鼓勵，馬上就能找回自信，握住成功，但這樣的幸運兒，畢竟是少數；多數人出身平凡、資質平凡、家境平凡，對自己沒有什麼自信，就算給他一百張小抄，恐怕也助益不大。

現代教育非常強調自信的重要性，無論學校或一般坊間，教人要有自信的課程和演講多到數不清，各種關於如何建立自信的理論，也是百家爭鳴、各擅勝場。但是，請不要妄想聽幾堂課程或演講，就能輕易建立起自信，一些精彩課程、演講，確實很能鼓舞人心，不過，受到鼓舞是一回事，是否因而就真的有自信了？恐怕又是另外一回事。

對多數平凡人來說，自信並非與生俱來的，需要靠後天努力去建立。

而建立自信，是有方法的。

坦白說，若論沒自信，我就曾經是一個最沒有自信的人。

我從小貧困，總覺得萬般不如人，雖擅長數學、邏輯分析，卻拙於背記課文，在學校，最怕被老師叫起來背書，每次一被點到名，總是緊張得頭皮發麻。

在工廠當師傅時，雖然隱約感覺到某些女同事對我印象不錯，但

當大夥兒要約著去看電影、去冰菓室，我卻還是很自卑，沒有辦法輕鬆自在地和異性交往。

自己創業開工廠後，為了跑業務，自己不抽菸，卻不敢理直氣壯，仍隨身帶著香菸，常放到發霉，還拿出來請客戶抽菸，覺得很不好意思，和人交往、談生意，一開始也是畏畏縮縮的。

有一回，朋友介紹我去一家大公司洽談業務，我很高興，循著地址找過去，但看到那家公司十分氣派，就心生畏懼，擔心進去不知道該找誰？該說什麼？會不會一開口就被拒絕，想了又想，在公司外徘徊，遲遲不敢進去。

但是看看現在的我，不管遇到什麼樣的大老板，都能笑談自如，時常受邀上台演講、接受媒體訪問，對答如流，如果不說，人們大概很難想像，過去的我，竟然曾是那麼自卑、且毫無自信吧？

以前要我上台講幾句話，簡直比要我的命還可怕。

記得第一次到花蓮當慈濟醫院志工時，每天早上須向證嚴上人報告昨日在醫院所遇到較特別或感人的事（慈濟稱志工早會），我總是百般推託，負責的師兄也無奈，後來還是上人『欽點』問我是那裏來的？在那個部門？我才不得不站起來答話，現場才二、三十個人（當年志工不多），雖我因擔憂萬一非講不可而提前預備了小抄，但坐在最前面，心跳如擂鼓，才站起來，就一陣天旋地轉，兩腳抖得像地震，根本開不了口。

「我我我……忘了要說什麼……」我漲紅著臉，嚅嚅地實話實說。

「沈師兄是鄉下人、腳力應該比較好，就分配他送病歷到各科。」負責的師兄只好簡單代言。

「您就當做遶佛，看到什麼？講什麼就好！」上人和靄地對我說。

我這才回魂過來、把預備要講的事說出來。

之後在慈濟裡時常有人要我上台分享，我總是坦承自己不會演講、也不敢，就有人回我：「那您每次主持會議、教志工訪視的技巧，怎麼就不害怕？還嫌時間不夠用呢！您就說您知道的、或做過的、處理過的事，這些都是我們的寶。」後來我就試著用這方法——老老實實地把事情說得清楚明白，效果還不錯呢！

鼓勵人要有自信的話，說起來很容易，但是，別人可以鼓勵你，卻沒有人可以直接給你自信，自信無法靠幾句鼓勵的話，喊喊口號，自我催眠說：「我要對自己有自信！」就能真的有自信。

自信需要靠一步一腳印、紮實建立起來，才具有真正的力量。

而想要建立紮實的自信心，說難，似乎很難，但只要老實去做，就一點也不難，而做久了，經驗豐富，也就越有自信了！

自信不是自己說的算

以我個人的經驗來看吧！

因為我毫無背景，沒有退路，不管做什麼，只能勇往直前，沒有失敗的條件，愈是如此，愈要認真做，做到被別人認可、肯定。

在當學徒的時候，師傅交待工作，很少會仔細說明，或特別指導技術上的難度，往往只是三言兩語，把工作交待完畢了事，有些學徒是師傅怎麼說？只會乖乖照著做，例如師傅交下一塊鐵料，說磨出四方形，就開始磨起來了，但最後交出來的成果，都被打回票。因為單是四方形就有很多種呀！有正直角的四方形、有菱型、有長方形，而且四邊長度、角度不同，磨出來的四方形當然都不相同。

我從學徒時代開始，對師傅交下來的工作，都會仔細觀察，思考怎樣才能做對、做到最好，當然一開始，總做不好，雖然也會懊惱，

卻不會因而氣餒，而是一次又一次的嘗試、改進。

願意用心，就容易看到問題的關鍵，找出有效的解決方式，願意努力，就會不厭其煩地把事情做到好為止。漸漸地，我發現，當師傅交待工作下來時，要先能計算出正確的角度，任何小細節都不馬虎，掌握對的方法，所以當學徒才一個禮拜時，做出來的東西，就被師傅認可，而有些學徒卻是學了一年多，做出來的東西，還常被打回票。

當我做的東西愈來愈容易一次就過關，不僅得到師傅和老闆另眼相看，在同儕間，也得到肯定，不會被看輕。

自信，絕不是自己說了算，不能靠自我吹捧，更不是自我膨脹。

自信，有時候，就是需要來自於外界的肯定，當受到的肯定愈多，就會對自己漸漸產生信心，而對自己有了信心，也會進而產生更大的力量，希望把事情愈做愈好，形成正向循環。

在希臘神話裡，有一則發人深省的故事：

技藝超群的雕刻師比馬龍，愛上親手創作的少女雕像，日夜祈求神將雕像變成真實少女，精誠所至，金石為開，神被他的真情感動，就遂其所願，將雕像變成美麗的血肉之軀，有情人終成眷屬。

這則神話看似簡單，卻被廣泛用在心理學、管理學、教育理論等各領域的討論上，稱為「比馬龍效應」。

所謂比馬龍效應，是指期望的應驗。意思說：如果將一個人比作馬，那個人就會愈來愈像馬，把一個看作是龍，那個人就會愈來愈像龍。

也就說，當一個人有所期望，並堅信不移，期望終會實現；一個人如何看待自己，自己就會變成那個樣子，相對地，當一個人被如何

看待，也會影響他未來的表現。

　　同樣的道理，只要不自我輕視，凡事認真用心，把事情做好，總會漸漸得到肯定；而當週遭的人，都用正向的眼光看待你，你也會表現得愈來愈好。

　　希望自我肯定、也得到他人的肯定，光說不練是沒有用的，也別以為握住一張白紙，就能握住自信，終究還是要努力自我磨練，實際地做，做久了，成果也就自然顯現了。如果一個人不認真，什麼事都做不好，卻要強求別人肯定，怎麼可能？道理說穿了，其實很簡單，不是嗎？

　　如果像我這樣一個原本十分自卑、毫無自信的人，都能透過用心、努力，轉變成一個有自信的人，我相信，任何人只要願意，也都能做到、成功蛻變。

4. 歹歹馬也有一步踢

很多孩子成長過程中受到許多挫折，對未來感到無望，很容易就會看輕自己。

有一次，我受邀到台中縣大肚鄉青海國中演講，那個班級被稱為「中輟班」，班上學生都是讓學校傷透腦筋的問題人物，據說我去演講的一個禮拜前，班上有位學生才剛殺過人。

邀我去演講的慈濟趙秀英師姐說：「如果你能讓那班學生乖乖聽講一個小時，沒有吵鬧，沒有走人，我就算服了你！」她提醒我，以前也辦過類似的演講，請成功人士來分享奮鬥經驗，希望能鼓勵學生奮發向上，結果課堂上鬧哄哄，效果極差。

未料，我一上台，整場兩個小時的演講，班上同學非但沒有鼓噪吵鬧、沒有人打瞌睡，也沒有人中途離開，反應熱烈，演講結束時，同學們還意猶未盡，繼續發問、討論了好一會兒。

事後，趙師姐說同學們的表現讓她跌破眼鏡，頻頻稱讚我「很會演講」。

其實並非我「很會演講」，可能是之前請來的演講者，姿態高高在上，光講一些空洞的大道理，或是只會苦口婆心地勸這些孩子學好、守規矩、乖乖聽話、好好讀書……，這些老生常談的話，如果有用，他們早就改過向善了，怎麼還會被放進「中輟班」呢？之前的演講內容，他們根本聽不進去，所以才會反應不佳。

而我，和他們一樣，沒讀過什麼書，從下層社會一路走來，很能體會在挫折中成長的無助心情，當我誠懇分享自己的心路歷程和奮鬥的辛苦，很自然地就引起共鳴。

有些中輟班的學生，來自單親家庭，因為貧困而遭到許多白眼，

無法平衡，所以產生反社會的心理和負面行為。

有願就有力，別小看自己

　　但要說窮，孩提時代的我，可能比他們更窮吧？

　　有一年除夕，父親把阿嬤的最後一小塊金子變賣，又向柱叔公借錢，還掉當期的高利貸利息，用僅剩的一點點錢，買了五花肉回家，那夜圍爐唯一的菜，就是那鍋滷肉，一年到頭餐桌上少見油腥，全家人都嘴饞得口水直流，由於還積欠著房租，擔心房東經過時發現，還得關緊門窗，避免香味逸出屋外，沒想到，還是被房東發現了，他氣沖沖地敲門、闖進來，破口大罵，要父親清償積欠的房租，父親早就口袋空空了，結果，連家裡僅存值點錢的鍋和鼎都被拿走，全家人差點就在除夕夜被掃地出門、流落街頭。

　　當那些中輟生聽到這段經歷，個個瞪大眼睛，有人還「啊！」地感歎一聲。我告訴他們：「窮，不能當作自暴自棄的藉口，窮，更要窮得有志氣、有骨氣，只要願意努力，找對方向，就會有光明的未來等著你。」

　　我並非說好聽話，來討好他們，而是發自誠懇的肺腑之言。

　　先別說窮、富的問題。或許有些人一提「中輟班」、或以前所謂的「放牛班」，就會認那些孩子很笨、不長進，才會讀不好書、又不學好，事實上，可能是現行的教育體制、和教育方式不適合他們，又無人協助尋找人生方向，才會無所適從，甚而誤入歧途。

　　俗話說，一樣米，養百種人。

　　醫學研究，早已指出左右腦各司不同功能，有些人左腦發達，有些人右腦發達，有些人擅長邏輯分析，有些人擅長背誦記憶，有些人理性強，有些人感性重，一套僵化的教育體制，如何適用於每位學

生？一隻手伸出來，五根手指的粗細長短都不同，怎麼可能要求每個人都表現一樣？

有些人或許天生就非讀書的料，卻很會做事，有些人或許不擅長研究、規劃，卻很會交朋友，有些人或許能說會道，卻寫不好一篇文章，有些人很會寫文章，卻口齒笨拙……，所謂的優點、缺點，並沒有絕對的標準。

像我，雖然數學能力不錯，也很會做事，卻最怕背誦記憶。

自幼任何需要背記的東西，我幾乎完全投降，甭說整篇課文，讀了六年小學，天天升旗、降旗時都要唱一遍國歌，才幾十個字的歌詞，我卻怎麼也背不齊全（至今，我仍無法記住全部的歌詞）——這樣的我，是不是就很笨？但我想，很少人會認為我是笨蛋吧？

其實，只要找對方向、用對方法，「歹歹馬也有一步踢」。

善用長才，臨機應變

還記得1977年，剛要買第一部車時，我曾邀妹婿、丈人和舅仔一起去駕訓班報名學開車，他們很認真，有空就拿著考試題強讀博記，我卻從來不讀，因此，在駕訓班的平時測驗，都只能胡亂填寫，頂多得個20分、30分，但到了正式考試的那天，卻只有我通過測驗，路考、筆試都合格，順利拿到駕照。

成績公布後，大家都覺得很驚訝，開玩笑問我：「是不是作弊？」

「怎麼可能？！」我得意而神祕地笑一笑。

我很清楚，就算之前再怎麼努力背誦，也記不來那些內容，卻可利用考前加強短期記憶，配合自己擅長的邏輯分析、和對符號數字的天生敏銳度，用推論法解題——例如看到符號約略就可猜出大意，以

刪去法撇開可能性較低的答案，正確答案不就呼之欲出了？我承認，或許還加上一點小小的運氣？猜對了不少題，所以就順利闖關囉！

還有一回，是參加無線電通訊牌照的考試。

當年，無線電通訊並未開放，使用者必須領有合法牌照，加入駱駝車隊後，在山區勘災、救災，隊友間都是靠無線電通訊來互相聯繫，適逢政府開放牌照考試，許多隊友偕伴一起報考（共六十多位），大家都事先拿到題庫資料，我卻因為有事沒到，所以未拿到題庫，但運氣還不錯，測驗當天，考試時間因故延遲 2 小時，恰好讓我有機會臨時抱佛腳。那回考試，只有三個人順利拿到牌照，我就是其中之一。

大家又要跌破眼鏡了？！

其實說穿了，也沒什麼。

我並沒有突然變聰明，弱於記憶、背誦的狀況依舊，只是隨機應變罷了！

考試題裡面，有很多關於無線電使用上的代表符號，這倒沒問題，但英文也很多，我根本完全看不懂，只好拿出擅長的數字本領，這回用的是「連連看」的妙招，事先記下題庫內英文字母的長短，看到考卷，就搭配對的符號，來選填「比較可能對」的答案，呵！果真就這樣險險過關！不知內情的人，還以為我的英文忽然突飛猛進呢！

每個人都有自己的天賦與才幹，即使暫時無從發揮，在成長、學習、工作過程，因為一時表現不佳，遭到忽視、輕視、錯視、甚至歧視，也千萬不要小看自己，天下之大，絕對有自己能走的路、可做的事。

5. 不親自試試，怎知道行不行？

凡事要親自動手去摸，才能真正體會個中三昧，確實學到東西。

過去，在技術為重的模具工廠裡，師傅的權限很大，幾乎可以影響工廠的生存命脈，連老闆都常得禮讓三分，當學徒的更是唯師傅命是從，師傅讓你怎麼做，就乖乖照著做，但每位師傅個性不同，有些師傅肯教，當學徒做不好時，願意耐性地一步步指導，但有些師傅交待工作時，卻是給個樣品或圖，三言兩語吩咐一下，就不管了，因此有的學徒學了半年多，磨出來的鐵板中間還是會凸起來，根本不能用，老是被打回票。

漸漸地，我才發現，其實不見得是師傅不肯教，而是有些技術關鍵，並非單看圖或樣品表面，就能理解，也不是師傅說了，聽的人就能領略，需要親自摸索後，才能具體掌握其中的細微妙處，否則就算師傅說了，恐怕也是有聽沒有懂。

做其他事，道理也相同。

很少人天生樣樣會、樣樣精，至少我從沒見過這樣的天才，多數人的資質不會相差太遠，比較大的落差往往是價值觀和態度的不同。

無論是生活、或工作，遇到不會的事，很多人都懂得要多學、多看、多問，卻忽略了學來、看來、問來的，畢竟都是別人的經驗，唯有自己親手試過，才知道問題在哪裡，一一克服後，別人的經驗值才能內化為自己的養份，成為真正有用的東西。

挑戰學習，學習挑戰

沖床模具這個行業技術較複雜，客戶訂單來了，每張圖都不同，每種元件的製造方式都可能是全新的挑戰。

　　1965年，我第一次進入當學徒的那家工廠，主要是做印刷電路板，什麼都不會的我，剛進去時，也是照著師傅說的做，但一邊做，我就會一邊觀察，並向較資深的同事們請教，實際操作後，才能融會貫通，更正確、精準地把東西做對，如果白天事情沒做好，自己就會很不好意思，趕緊利用下班時間，繼續琢磨，直到把東西做好為止。

　　我的努力，老闆都看在眼裡。一般來說，當學徒是沒有薪水的，他卻破例獎賞，因此我當學徒的第一個月，就領到200元薪水，高興極了，只留下20元買牙膏牙刷之類的日用品，其餘全寄給家裡。

　　我常鼓勵年輕朋友們，面對困難與挑戰，要勇於嘗試，努力克服，不要畏縮、逃避，進步的機會往往就存在於一次次的困難與挑戰中。

　　可惜很多人習慣於固定模式後，就會害怕嘗試、不願意改變，遇到突發的新狀況，不去想如何應對、解決，反而找種種理由與藉口，來抗拒、推托、閃避，寧願躲在安全的領域裡，不敢正面迎向挑戰，也因此常就和機運錯身而過。

　　其實，就試試看嘛！不親自試試，怎麼知道行不行？試了，第一次不行，可以一試再試，就算到了最後，真的不行，只能放棄，但起碼試過了，不會留下遺憾，而且根據我的經驗，只要親自試過，一定會有所收穫。

　　在我當學徒之初，才學了三個月，就因模具師傅跳槽，被迫直升師傅，如果那時候，我退縮了，等於就是將機會推掉；而且，我做事不會只求交差，還會主動發現問題，設法突破、改良。

　　金屬模具變化大，大部份的零件都需沖很多次才能完成（沖一次就需一付模具）一般稱為單程模。當時老闆交下來要製作的印刷電路板，在沖外形及內部零件孔時，得分兩次、製出兩副模具，模具

上的孔，必須能準確對到線路上，零件插上去時才會通電，外形又需與孔配合，否則無法裝配到外殼或原設計的位置，因為模具分為兩次沖製，第一副模具是沖外形，而每一家公司設計的外形及大小都不一樣，第二副模具沖孔，需沖幾十至幾百孔，孔有大小及各種形狀，如果孔對不到線路就得重做——原本，師傅還在的時候，都是這樣做的。

但這樣的做法，既麻煩，又不精確。

師傅走了以後，我心想，分兩次沖，很難確保每一片的品質都一樣，為什麼不乾脆把兩副模具合併在一起，外形及沖孔一次完成，就沒有孔與線路對不上的情形。當我提出構想時，老闆很懷疑地說：「可能嗎？不行吧？」

老闆與師傅是台北工專畢業的同學，沒聽過種做法，也沒想過。

但不試試看，怎麼知道不行？

於是我利用下班時間偷偷把模具改成一次沖好，工法改良後，製作時間縮短一半，又能降低分次沖造成的失誤，孔與線路能精確對準，品質提高，生產又快，老闆驚喜不已。

當年我改良的線路板模具製作方式，仍被沿用到今天，尚沒有其他新的製作方式出現。

機運在身邊，多看多聽多注意

從小學畢業至今快50年了，我設計、改良、發明的產品、模具，在中央標準局（智慧財產局前身）登記有案的證書就超過百件吧？（若包括世界各國的專利證書、應有數百件）早期設計東西主要為了生計、或為了讓某些生活用品更便利實用，例如削梳髮器、刮鬍刀與點菸器、引擎拖板車等，後來的設計逐漸以環保為考量，希望開發出

來的產品能被重複使用、回收再生，例如飄逸杯、飄逸壺、行動拍檔、慈濟環保系列產品等等。

　　這絕非我特別聰明，或機運特別好，是因為我一旦發現問題，就會想要改良，有了想法，就會真的動手去做，而且願意花時間、花精神一試再試。

　　常聽許多人怨歎自己不夠聰明，怨歎機運不好，卻忘了反問：是機運真的沒來，或是自己不願意嘗試，所以即使機運就在身邊，也無視其存在？

　　有一個笑話是這樣的：

　　一位虔誠的信徒死後，控告佛祖背信，因為上輩子他樂善好施，投胎前，佛祖曾允諾要給他巨額的財富和經商祕訣，但終其一生，卻什麼也沒得著，反倒貧病交迫，抑鬱而死。

　　佛祖無奈地歎氣說：「我早就請土地公在你家的地底下，埋了二十箱金幣和未來數十年的經濟趨勢分析，擁有這些，你將能創造富可敵國的事業，為了提醒你，我還特別利用地震將你家地面變得凹凸不平，中間還隆起一大塊，在你每回經過時，故意絆倒你，如果你勤勞點，願意嘗試整頓環境、改善生活，把隆起的地面挖開整平，你早就成功了，但你卻試都不試，整天只會抱怨，作發財夢⋯⋯」

　　這雖是個笑話，卻發人深省。

　　我相信每個人一生，都會有大大小小的各種機運，而這些機運可能隨時隱藏在生活週遭，以各種不同形式顯現，只是有些人視而不見，就像上述的那則笑話，即使佛祖把機緣做足，還不斷用各種方法

提醒，不肯起而行的人，仍是任由機運白白溜逝，終其畢生，一無所獲。

　　遇到問題和困難時，如果能以正向的態度面對，勇於嘗試，把挑戰當作自我磨練的契機，或許一個看來再平凡不過的事件裡，就藏著打開奇蹟的成功密碼呢！

6. 永不放棄的奮鬥意志

從某個諧趣的角度來看，襁褓時期的我，可以說是當時全村許多婦女一起奶大的。

幾十年前的台灣農村，節育觀念薄弱，多數婦女都是一胎接著一胎生，有時候甚至年頭生一個，年尾又懷一個，所以一整年裡，村庄內總不乏正處於哺乳期的婦女。

由於母親身體欠佳，我又是頭胎獨子，出生後，就是由阿嬤撫育。每當阿嬤出門時，一定會帶著我隨行，因此幼時的我，是隨阿嬤走到哪兒，就一路吃到哪兒。長大後，妹妹們常開玩笑說：「阿兄吃奶吃遍整庄頭，所以頭腦才會這麼好，我們五個頭加起來也比不上阿兄一個頭……」我有五個妹妹，當年除了偶爾到教堂排隊領回美援奶粉外，妹妹們幾乎都是喝米麩泡水調成的米漿長大的。

水要煮到滾，事要做到底

於今，外界也常有許多人誇我是金頭腦、做什麼都成功。

這是天大的誤解。我並非做什麼都成功，反倒是常常失敗，而且失敗次數，遠比成功次數還多，只是我不以失敗來看待，而將失敗視為一步步邁向成功的過程。

試問，在這個世界上，究竟有多少人是一舉就旗開得勝？而且從此一帆風順，無風無浪航向成功彼岸？

我相信，多數人的成功，都曾經歷過各種坎坷起伏，成功的背後，其實有著更多失敗經驗的血淚教訓。成功與失敗的差別在於，有些人失敗了，就此放棄，一蹶不振，那才真叫失敗了；如果無論失敗多少次，依舊鬥志昂揚，堅持一定要做好，不成功，絕不放棄，那麼

遇到失敗，只能說是暫時還沒有成功罷了！

很多人會失敗，並非頭腦笨、機運差，而是欠缺的永不放棄的奮鬥意志、以及貫徹到底的執行力。

我有一個做研發設計的朋友，擁有不少專利、也得過獎，每回去拜訪他，他總有滿腦子創意和計畫，許多計畫聽起來很好，值得進一步實踐，我常鼓勵他要走出去，將研發設計的東西商品化，但許多年過去了，他的計畫和創意依舊是空中樓閣，停留在「想」與「說」的階段。

有想法，很重要，但再偉大的構想，若缺乏執行力，結果等於零。

台灣有句俗諺說：「半暝（夜裡）想到全投路（工作），天光（天亮）要做無半步。」意指一個人好高騖遠，光說不練，滿腦子偉大夢想，夜裡說得天花亂墜，卻從不執行，當然一事無成。

也有些人會反駁說，他確實執行了，付出心力、時間和金錢，最後卻沒有成功。我卻想反問：「是否太早放棄？一遇到困難、挫折，就打退堂鼓？」想要邁向成功，困難、失敗、挫折都是必經的歷程，從我投入研發至今，每項產品都經歷過無數次的失敗、修正、改良，甚至修改了數十次、上百次，歷經數年、甚至十年以上，才逐漸獲得滿意成果。

在我十八、九歲時，曾經利用下班後，去學機械製圖，當年職訓機會不多，聽說約有600人報考，錄取30個名額，來上課的，大多都是像我一樣利用夜間進修的勞工階級，白天上班，下班後趕到學校，每週上五天課，下課返回住處，還得做功課，真的很累，最後只剩5人順利畢業。

我相信當初來報名、被錄取的同學，都非常有心向學，也一定是

有種種原因,才會陸續放棄。

但放棄可以有一千種理由,卻唯有堅持到最後一刻的,才可能是贏家。

無論做什麼事,都需要決定、恆心、和毅力,不輕言放棄,一旦中途放棄,之前所有的努力和付出,就白白浪費了。

例如水的沸點在常壓下是攝氏99.98度,若只燒到攝氏90度,未達到沸點,就永遠不是開水。(水的沸點與氣壓有關,標準大氣壓下水的沸點是攝氏100度;華氏212度。在世界最高峰珠穆朗瑪峰上,大氣壓力為260 mb,水的沸點是攝氏69度,因此會出現水滾了卻未能把食物煮熟的情況。)

也有些人野心大、計畫大,這並非不好,但萬丈高樓平地起,想蓋越高的樓,地基也要打愈深,一層一層蓋上去,樓房才能蓋得穩,好高騖遠,妄想一步登天,往往會摔很慘;另外又有些人,創意十足,滿腦新點子,對什麼都感興趣,這也做、那也做,每天忙得昏頭轉向,也的確很努力,卻是每回都頭熱尾冷、半途而廢。

執行力要能貫徹到底才有用,半途放棄,水永遠燒不開,而且,遇到困難時,要先冷靜觀察、思考,找出問題的關鍵,才能用對方法,突破難關。

小故事大道理

聽說,有個事業失敗的商人去向禪師請求指點迷津,每回去,禪師都說:「你先去廚房把大鍋裡水燒開、注滿茶桶,讓來到禪院的每個人都有茶水喝後,再來找我。」禪院裡,每天來請益的信眾極多,需要準備的開水也多,因此廚房灶上的鍋子很大,若要把水燒開,就需要很多柴火,商人求法心切,不辭勞苦地到後山去砍柴,但一個人

力量有限，雖然砍回很多柴，但水總是還沒燒開，柴火就用盡，就趕緊再去砍柴，但等柴火砍回來，水卻涼了，只好又重新燒起，如此一次次地反覆奔忙，水卻一直未能完全燒開。

商人很挫折地坐在灶前歎氣，望著大鍋發呆。

突然腦海靈光一閃，他心想：雖然鍋很大，但是不一定要放滿水再燒呀！

他一躍而起，奔出去砍柴回來，先將鍋裡的水舀起一半，這回，柴火還未燒盡，半鍋水就開了，舀到茶桶後，再去砍一次柴回來，燒開另外半鍋水，終於順利將茶桶注滿。

他興高采烈地前往禪房，但是才走出廚房，突然就懂了！

要把一大鍋水燒開，需要先儲備足夠的柴火，柴火不夠，水，就永遠燒不開；而想要把一大鍋水燒開的方法，並非僅有一種，當柴火不足時，可以先燒開半鍋，再燒另外半鍋，或是累積足夠柴火後，再同時燒開一大鍋，不也可以嗎？

原來，禪師是透過燒開水對他曉以大義。向來，他自負聰明，一心只想要做大事業，但總因財力（柴火）不足，屢做屢敗，如果他願意先從小處著手，累積實力後，再一步步做大，可能早就成功了！

我不知道這位商人大徹大悟後，是否改變作風，更務實地經營事業，不過，無論做什麼事，只要有決心，堅持到底，永不放棄，一定有成功的機會。

7. 六十歲學習電腦製圖

許多勸世警語，常會提到「輸人不輸陣」。

這能自我激勵，但切勿用在虛華浪漫的比較、或炫富上。

我常向年輕人說，浪漫是有能力者的專利，並非每個人都浪漫得起來。像我結婚第三天，就與太太到板橋借住於我大妹的家，那是妹婿夫婦租來的一個小房間，房內只有一張床，分為上下舖，結婚前一星期妹婿去當兵，我就和大妹商量，將置放雜物的上舖暫時借給我們夫婦住一陣子──如果我稍有能力，早就去租一間新婚房，何苦如此屈就？當年完全不敢有一絲新婚度蜜月的妄想，如何浪漫？

輸人不輸陣，要用在正確的觀念上，例如學習。

• 當初剛開始學製圖時，用的是手繪工具：製圖板、丁字尺、三角板。

學習不分年齡,永遠來得及。

只要有心,一定可以找到適合自己的方法,達到期望的目標。

近幾年來,電腦製圖很夯,也是新世代研發設計者必備的專業,而我則是將近六十歲時,才開始接觸、學習。

● 沈順從手繪圖。

溯其遠因,可以推到數年前,有一回證嚴上人到台中分會,我前往拜見,報告環保系列產品環保碗的進度。

當我拿出手繪的剖面圖、三視圖詳加解說時,隨行於師父旁邊的某知名企業董事長好意地說:「怎麼不改用電腦製圖?又快又好又方便,現在的年輕人幾乎都會,我公司裡就有不少電腦製圖高手……,」我原以為他有意協助,以其公司內部資源幫忙完成繪圖工作,正暗自高興,好半天才弄懂,原來他的意思是:「可以請員工來

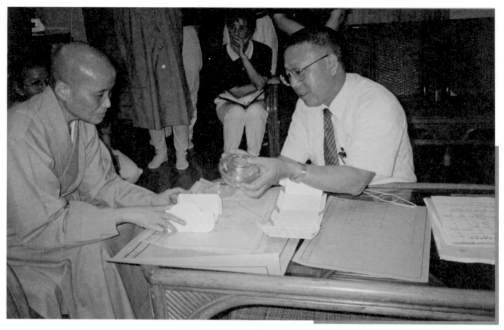

● 向證嚴上人報告環保產品研發進度。

教你如何使用電腦製圖。」我有點不是滋味。

「順從的頭腦比電腦更好！」當時上人笑說，輕聲化解了尷尬。

畢竟時代不同了，過去我都以手繪圖，但模具廠總希望能改為電腦繪圖，方便e-mail傳輸，生產力中心時常舉辦電腦製圖課程，費用便宜，我希望已會2D電腦製圖的兒子、女兒再去進修3D課程，經兒子上網查看後，那陣子只有2D課程，女兒鼓勵我說：「晚間上課的都是LKK，您可以去學呀！」我想起之前的事，就點頭了。

開課那天，臨出門時，女兒在我身後吐了吐舌尖，悄聲笑問媽媽說：「妳看，爸學得成嗎？」

嗯哼，我都聽見了。

學習精神不輸年輕人

到了教室，原以為同學們年齡應與我相當，未料，由於上課時間是在暑假，全班竟然只有我一位高齡學生，其他都是年輕人，害我一時如坐針氈。但既來之，則安之。

上課時，老師問：「會不會電腦？」全班都舉手了，只有我沒舉手。

老師在台上，諄諄善誘，奈何我雖正襟危坐，卻如鴨子聽雷。

當老師說：「來，請各位同學敲鍵盤。」

我丈二金剛摸不著頭腦，舉手大聲問：「用啥敲呀？」

同學們強忍著，低頭吃吃地笑。

老師愣了一下，定睛一瞧，嘿！又是沈順從？他大眼一瞪，舉起手，往前一指（我猜，他當下大概只差沒咬牙切齒吧？）說：「用手指壓啦！」

我左顧右盼，發現同學們果真都用雙手，在鍵盤上快速猛敲。

我的一指神功也不遑多讓，速速迎頭趕上。

突然老師說：「按ENTER──」

「什麼醃特兒？」聽嘸啦！我哪知道啥叫醃特兒？

「按這個啦！」老師（是我眼花看錯嗎？當下，我覺得他似乎有點氣悶？胸口喘氣，臉色發白）拿起鍵盤，指著上面的ENTER鍵，瞪著我回答。

「喔！」我笑瞇瞇地按下ENTER鍵。早就該這樣做了嘛！用比的，我就懂了，多容易呀！

有一天，我心血來潮，送老師一組飄逸杯，當他知道那竟是我研發設計、擁有專利的產品，驚訝地瞪大眼睛說：「教都教不會的人，

竟還能搞發明設計？」

我笑一笑。

之後老師上課，一發現我雙眼茫然，神情渴望，就會自動拿起鍵盤用比的，我馬上心領神會，眼到手到，一指神功按下去，電腦就聽話啦！

最困擾我的，還是英文。我至今26個英文字母背不全、大寫小寫分不清，單是要打個Tea，就得找半天，而學習電腦製圖，很多指令、解說，都會用到英文，因此，學習過程倍加辛苦。

E世代的LKK

有一回老師晚到，班上有位女同學對我說：「一週上課四天，你從不缺課，遠從埔里來（上課地點在台中工業區裡）上課這麼認真，不懂就問，不怕被嘲笑，真佩服您的勇氣，若非看到您這麼堅持，我很可能工作一忙也就不來了！」

我也很佩服自己嘞！雖然我是LKK，學習精神卻不輸年輕人（班上我年紀最大），就是不會才要來學，不懂就要問嘛！因此，我該問則問，從不怕被取笑，成為班上的開心果。

每次上課，老師講解過程中，常會問：「各位同學聽懂了嗎？」而且會特別點名追問：「沈同學，你聽懂了嗎？」

我總是笑著說：「老師您別管我懂不懂，反正今天學的，明天我一定會。」

這可非胡扯。

每次下課返家後，我都會認真複習、寫作業，遇到不懂的，就把兒子、女兒抓來當助教。還不允許他們做一遍給我看，而是告訴我方法，讓我自己操作，唯有親手做過，學會了才是自己的，若是照著別

人做好的重複模擬一遍,之後可能很快就忘記,成效打折扣。

長夜漫漫,眼皮一直往下沈,但我打個呵欠,喝口茶,繼續奮戰,無論多睏,都要撐下去,直到完全搞懂,完成作業為止。因以前手繪過許多設計圖,有基本的繪圖概念,畫圖部份難不到我,但遇到英文代碼、和抽象性的符號組合就常是有看沒有懂,可憐我兒我女呵欠連連,仍得捨命陪老爸,耐心指導,孝行可感,實應榮登中國24孝故事外一章,補列為現代版第25孝。

我的方法可能很笨,但最笨的方法,效果不差。

我的電腦繪圖進步慢,但功力與日俱增。

於今,雖然我的英文仍舊「一級差」,但已能得心應手地使用電腦製圖,為了寫這本書,前陣子,還練習用WORD軟體在電腦上記錄章節重點和往昔回憶點滴,提供撰稿者作為參考資料,而我的產品文宣,例如飄逸杯系列產品DM及海報的標語、文案,都是我自己寫的,熟能生巧,說不定文筆愈來愈流暢,哪天還能用電腦寫文章發表呢!

8. 用打拚改變命運

從當學徒時起，我做事就像拼命三郎，如果白天工作不盡理想，飯後，別的同事都在聊天、休閒，我則是主動加班，非把師傅交待下來的工作做好不可，為了更快學會功夫，半夜，大家都已在睡覺，我卻偷偷爬起來，把舊模具拆開反覆研究，再悄悄裝回去，也因此學得比別人更快。

每當受邀演講時，我常會提醒年輕人要趁早紮深專業技術，而且一旦選擇發展方向後，初始一定要在同一家公司多待幾年，才能深入瞭解個中精髓，將基本功夫學透徹了，那麼之後，無論換到哪一家新公司，或許營業項目不同，所做的產品有差異，也都能會很快進入狀況，因為基本的原理原則往往是相通的。

但是時下很多年輕人常會抱怨：「要找對適合自己發展的路，談何容易？如果找對路，我會比任何人更拼的。」說得有道理，不過，什麼才是「適合自己發展的路」？得先搞清楚。

因為常和年輕朋友相處，我也就試著歸納出幾項他們常共有的困擾：例如，當初念書就選錯了科系、換過許多工作，都和興趣不合，有人不斷騎驢找馬，一年換25個頭家，有些人則考慮再去念書，讀個有興趣的科系，以更高學歷創造身價……

總之，說來說去，就是所學、所做的和「興趣」不合，對未來感到迷惘。

我相信新世代的孩子們，在個人興趣和志向的發展上，絕對比我輩LKK一族有更大的自由度、選擇權、和多元空間，為什麼反而「找不到符合興趣、適合發展的路」呢？

真正的關鍵，或許反而是因為對自己所選擇、所做的事未曾真正

用心投入過吧？所謂滾石不生苔，學任何東西、做任何事，若不先深入，怎能體會其中樂趣和精髓？當然也就沒有成就感。

現在年輕人常會過度強調要「選己所愛」，卻忘了要「愛己所選」——把所選擇的學科或行業，視為最愛，卯足勁去把一切做到最好。

這並非要年輕人固守在同一家公司，直到成為「人瑞級」元老，反而是鼓勵年輕人要真正學到東西後，以此為基礎，再進一步考慮新的發展可能性。

周遊列國學技術

我待的第一家模具公司於次年就由台中遷往台北，我就跟著一起到台北去，之後幾年內，妹妹們也陸續放棄升學、到台北工作，放假時，我常騎腳踏車去探望她們，常瞧見牆面或電線桿上貼著一些紅單子，其中不乏模具工廠的徵人啟事，卻和我過去做的東西不同。

那時候，我已經在第一家模具公司待五年了，認為很難再學到新東西，因此開始有計畫地「周遊列國」。

每當進入一家新工廠，我都會花比別人更多時間學習。

冲床模具，設計冲次很重要（每張圖需冲幾次才能把那個零件完成），看到設計圖，也要懂得用什麼材料，冲床模具以冲金屬居多，不少產品需多次折彎，每一個彎度與材料厚度、材質有關，同樣是銅片，就分很多種類：如青銅、黃銅、鄰青銅，另外還有不鏽鋼、鐵板、鋁片……等等，每個折彎要加多少？何種材料？都得精密計算，對於沒做過的材料模具，一開始就要計算精確並不容易，因大部份的產品必需先下料「冲外形」，繼而冲孔、折彎，外形的尺寸如沒算準，彎出來的產品，孔一定不準，零件就無法組裝。因此我就逆向思

考，拿現有的成品換算回去，不懂的就請教朋友、同事，反覆驗算，得出最好的下料比例；而且，即使我在同行中已是大師級師傅，還是常將別人的成品拆開來研究、重新驗算，瞭解不同材料的特性。

此外，我並非只管自己的工作，只學自己需要的機器，做模具牽涉到的機器很多，鑽床、線鋸、車床、磨床、洗床、刨床……而每家公司的機器都不盡相同，有些機器雖然功能相同，但用法不同、性能不同，就像汽車一樣，即使同廠牌、同種車款，每部車都有自己的特性，要親自摸熟才會瞭解，只要機會允許，所有機器我都學，也因為摸熟各種機器，所以我做的模具常是一次就ok。

由於做事認真，每進一家新公司，我總是很快進入狀況，並為公司帶來收益，受到器重。

而學無止境，愈是受到肯定，愈是要對人客氣，絕不能驕傲，別人才會願意教你；虛心學習，進步得快，做出來的東西好，同事、老闆都心裡有數，連原本不把我看在眼裡的某些人，都會逐漸改觀，對我另眼相看，因為我不驕傲，不藏私，當同事們遇到不會做、做不好的，也會來請教我，彼此建立良好的工作情誼。

為專業不惜降薪以求

所以，有些公司同事之間難免偶因競爭關係而暗濤洶湧，或是某些新進者突然升上主管就被視為空降部隊，遭到排擠，但我到每家新公司，雖然很快就會成為主管，卻不曾受到排擠，總是能得到同事們的支持與信賴，所以儘管老板交下來的的訂單愈來愈多，也不會推不動工作。

說這麼多往事，並非要強調我多能幹，而是以事實說明我如何一步步奠立專業實力。

　　還記得有一回，是在幼獅工業區的一家約有200名員工的中型公司工作，有一回董事長接到較難處理的訂單，就直接找上我，給了設計圖，問我何時可以做好，我看一看圖，回答：「10天。」他也是內行人，點頭微笑，眼神裡有著驚訝、佩服與信任，沒想到三天後，董事長又拿了一張製作上更困難的設計圖來，我說：「之前的模具還在進行中，如果又要我同時做出更多模具，得給我幾個幫手。」

　　凡事因果相生，如果不是認為值得，員工竟主動開口要幫手，董事長會同意嗎？而他非但一口答應，還私下交待會計，破例給我很高的工作獎金。

　　我雖初來乍到這家新工廠，薪水和獎金加起來，比頭牌師傅更高，但我拿得一點也不心虛，我的付出與努力，連那陣子身穿的卡其褲都可以做見證——如眾週知，做黑手工作衣褲沾到油污是稀鬆平常的，而當時我每天身穿的卡其褲，脫下來都可直挺挺的站立不倒，因為卡油卡得太厚啦！

　　也因為在第一家模具工廠扎下了很深的基本功，我每進一家新公司，都學得很快，一旦把那家公司能學的東西摸透、摸熟，就跳槽到另外一家工廠，繼續學習新技術。

　　而且，為了學習不同的專業，常常不惜降格以求。

　　例如，有一回進入一家大公司，這家公司原本要求最低學歷要高中畢業，但我只有國小畢業，雖有五年以上的模具師傅經驗，卻擔心小公司的專業經驗不足，不敢直接應徵模具師傅，就應徵作業員，先進去再說，這樣我才有機會摸索、學習那家大公司裡不同的機器和產品，增強模具設計的能力，也能近距離觀察大公司的經營、管理策略。

屈得下去才跳得高

　　許多人找工作，要求的薪水都是往上加碼，哪有換公司卻薪水變低的道理？

　　但我的眼光是望向未來，有時候為了應徵一家新公司，對方給的薪水比原先低得多，但能學到技術比較重要，我不在乎一時收入減少。

　　因為我知道，我既無學歷，又無背景，凡事得靠自己，比別人更努力，累積更多經驗和實力，才有出人頭地的一天。

　　然而，薪水降低，我的負擔並未降低，每個月寄回去的錢分毫不能減，經濟更是抓襟見肘，只好厚顏跟妹妹們借，有時連去探望她們回程的10元、20元車費，都得伸手討，真是難為她們——自己收入不豐，也同樣要負擔家中負債，按月寄錢回去，還得資助哥哥，而且有借無還！

　　（妹妹們都嫁到台北，以前我跟哪位妹妹借多少？早忘了，但感銘於內，目前有三位妹妹為我的工廠代工，這些家庭代工若在埔里做，比寄到台北便宜很多，我但求盡力而已。）

　　更滑稽的是，那陣子，每當有朋友想找我，總是不知道我究竟在哪兒工作？好不容易有人稍知近況，拿出新地址時，都會補充一句：「這是上一次的地址，但我也不知道他還在那家工廠做嗎？」

　　但可別以為我抱著學技術的目的「周遊列國」，就會以過客心態面對工作，無論到了哪裡，我都會將那家工廠當成自己家的工廠，重視工廠與客戶的權益，一般來說，師傅拿到產品設計圖，就是「照章辦理」，依客戶要求，把東西做出來就是了，但我只要發現原設計有問題，或是有改進空間，就一定要提出來——即使原本照圖製模毫無

● 十六、七歲時全家福，前父親、母親、五妹；後右起沈順從、大妹、二妹、三妹、四妹。

困難，修改後，反而會讓我的工作加重，我還是要實話實說，建議對方修改原始設計，只要對客戶有益，我就不嫌麻煩。

　　某回，有一家廠商因我的提醒，同意修改設計圖，從而降低成本、並讓產品組裝更便利，幾天後，那家工廠的設計師和負責人專程來拜訪，看到我，嚇了一跳（當時，我在那家工廠擔任廠長），說：「我們還以為廠長是個老頭子，技術才會這麼厲害，沒想到是未滿二十歲的小伙子！」那位擁有高學歷的工程師，發現我不僅非相關專業科系畢業的，竟然才只有小學學歷，更是驚訝地瞪大眼睛，說不出

話來了！之後，該家工廠將所有設計上較困難的訂單，全部都轉來我們這家工廠做，老闆高興得合不攏嘴呢！

在工作場上，每個人都會希望受到重視，獲得升遷機會，身價水漲船高，但是，沒有任何好處或機會憑空從天上掉下來，凡事都是一分耕耘，一分收穫。

我出身貧困，根本不敢奢望像現在的年輕人一樣，先問興趣何在，才選擇行業；而是因緣際會入行當了模具工廠的學徒，就努力、適應、學習，進而做出興趣，靠著努力，累積專業實力，日後創業，更以技術能力受到廠商肯定，訂單源源不絕。

現代年輕人常朗朗上口一句話說：「身價自己創造。」而我則是「用打拚改變命運」，二者似乎頗有異曲同工之妙。

9. 有時間後悔、抱怨，不如承擔失誤，當機立斷

曾看過一則報導：根據國際發明協會統計，平均每2000張專利證書，其中只有2張能賺到錢，其他的，要不就賠錢、或因故停產，有些連打樣都有困難，未能商品化，就提前夭折了！

我有一個老朋友，擁有德國工業設計博士學位，在台灣當教授，發明、設計過很多東西，卻從來沒有成功商品化。

設計可以天馬行空，發揮創意，但如果無法落實、成為產品，就永遠是紙上發明；有些設計者不懂材料、不懂模具，提出許多看似精彩的設計，卻有很多是開不了模子的；近幾年來，電腦科技突飛猛進，工業技術日新月異，新的材料不斷出現，設計圖可不可行？能預先透過數位模擬，降低失敗率，但是三、四十年前，開模具得靠師傅的專業，看到設計圖，知道選用什麼材料最能達到需求。

我常遇到的情況是，有些模子依設計圖做出來，卻無法組裝；有些雖順利開出模具，也做出樣品，但要商品化，卻得考慮市場接受度。

其實，如果判斷沒有市場，還執意將之商品化，鑽牛角尖，只會損失慘重。

無論做什麼事，都要務實，看清楚方向。

市場需求自己創造

我這一生研發了很多產品，也有不少項目雖投入大量心血，卻中途喊停，或販賣一小段時間後，就無疾而終。

還記得在台北開工廠時，負責跑業務、開拓市場，時常需要拜訪客戶，衣著整潔、梳髮修面，適度打理外貌是必要的基本禮儀，但有

時候忙到開車抵達目的地時，才發現自己竟忘了刮鬍子，讓我決定設計一款車上用刮鬍刀、結合點菸器的產品。

　　這項產品成功上市後，賣給香港一批七、八千支後，就沒有下文了。問題出在習慣性，那時的人通常都是整裝完畢後再出門。

　　我也曾設計過結合梳子和削髮器的削梳髮器，順利商品化後，還參加過發明展得獎，賣給美國的美容寵物店數千支，當時的設計，是可以更換刀片，既省錢、又環保，但美國人消費習慣大不同，希望我能更改為「用後即丟」的設計，以較便宜的刀片，固定於產品上，不得更換，但我向來支持環保、一貫要求高品質，總希望設計出來的產品，能讓客戶長期使用，避免無謂的浪費，因此無意配合更改設計，漸漸地，訂單也就愈來愈少。

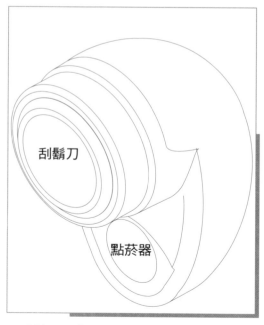

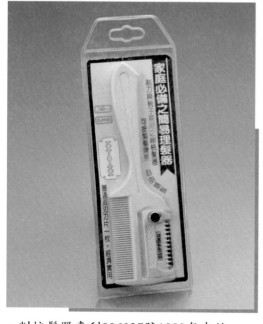

• 刮鬍刀圖專利007453號1983年申請。　　• 削梳髮器專利006027號1982年申請。

　　當初，這兩項產品都曾耗費我不少時間、精神、金錢，但不管投入多少，即使已經成功商品化，一旦發現不符合消費者需求，缺乏市場規模，我也會當機立斷，忍痛停產。

　　又例如，我經營茶園時，發現採茶阿婆們（詩詞歌賦裡關於採茶姑娘的浪漫想像與情節，在我的茶園裡是看不到的，為我採茶的，都是經驗老道、手腳俐落的原住民阿婆）常會被採茶用的刀片割傷，我觀察一陣子後，發現原來她們都是用一般的刮鬍刀片對摺綁在手指上，休息或如廁時，忘記先取下來，手一揮，不小心就會劃傷自己。看到問題，我無法坐視不管，就利用閒餘時間研發。

　　忙了一段時間，採茶器果真做出來了，刀片內縮、隱於指套內，並加上安全防護設計。我很高興，心想這下子，採茶阿婆們總算可以安心工作，不會再時常受傷流血。

　　我興沖沖地獻寶，以為會很受歡迎，但真正試用了，卻不受青睞。原因是：手指被指套套住並不舒服，另一方面，每個人的手指粗細不一，就算開很多不同規格的模具來製作，也很難達到人人適用。

　　總之，問題頗多，更重要的一個失誤是，設計之初，我完全忽略了市場太小的事實。

　　我研發產品的初衷，向來是在實際生活中發現問題，覺得有必要加以改良，就認真去

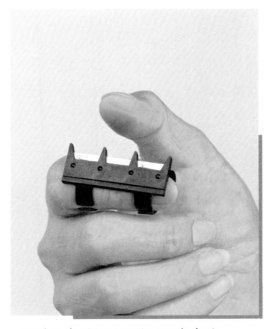

● 採茶器專利037157號1989年申請。

思考研究，研發出來後，再以製作成本為基礎，加上合理利潤訂出售價，即使在市面上佔有孤門獨市的優勢，也不會抬高價格，賺取一時的暴利，很少會以市場需求為導向，因為我一直相信，市場是創造出來的，只要產品夠好，能滿足消費者需求，就能夠刺激購買慾，創造無限大的市場。

但冷靜分析後，我才發現，就算開發出來的採茶器非常好用、零缺點，但需要購買採茶器的人有多少呢？而這些以採茶為業的少數族群，是靠工資收入的，又有多少人肯花錢來購買採茶器？

顯然，我犯了天真的毛病，一股熱忱，頓時澆滅。所以採茶器尚未商品化，就束之高閣了！

研發設計的商品化，和作生意要設停損點的道理是相通的。

身邊有一些朋友，做生意失敗時，常會怨歎機運差，或是明知做了錯誤決定，卻因為已經投下不少成本，就捨不得放手，結果愈陷愈深，其實，道理大家都懂，抱怨、後悔，根本無濟於事，當發現做了錯誤的判斷與決定，造成損失時，如果有時間浪費在懊惱上，不如坦承錯誤，承擔後果，盡快設下停損點，才有機會重新出發。

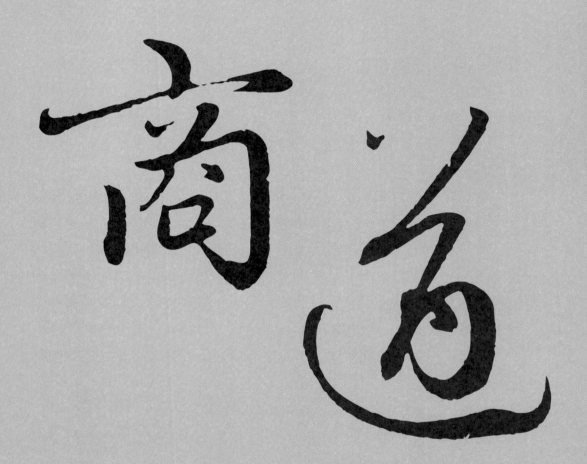

第二篇

商道

設計的最高境界是要有感恩心，
才有能力設計出任何人都願用的產品。

1. 紮穩基本工，累積專業經驗

「無論你是富二代、或是貸款讀書的窮孩子，就業時，最好都從基層做起，而且慎選第一家公司，能學到東西，比薪水多寡更重要，而且要待長一點的時間，才能多方面學習，奠穩基礎。」這是我應邀到大學（暨南、中興、雲科大、勤益科大等）演講時一貫強調的。

不同行業、不同公司，雖然經營項目各異，但許多事的原理原則是相通的。

例如在7-11打工，從進貨、擺設、作帳、到倉儲、物流管理等等，學會整套KNOW HOW，即使將來從事的並非零售業，而是轉換跑道，或自己創業，都可以靈活運用，許多表面看似簡單的事，其實大有學問，需要用心琢磨，反覆思考，花時間一再練習，才能掌握其中精髓，如果到每家公司，都只是蜻蜓點水，學到皮毛，那麼換再多公司也沒用，摸得多，不如摸得透。

所謂「一理通，萬理徹」，技術專業如此，經營管理的專業也是如此。

專業，是經驗的累積，也是發展事業的基石。

每件事都認真做，盡力做到最好，就能逐漸累積實力，對許多事也自然愈來愈內行，遇到狀況，就能快速反應，做出正確的判斷與抉擇。

莫因事小，就馬虎草率，或覺得基層工作不重要，而輕忽怠慢。

簡單的事情重複做，能成為行家；重複的工作用心做，會成為專家；用心的工作快樂做，就會成為贏家。

將心比心，說話算話

現代經營管理學問一籮筐，但我不會講大道理，只能談談實際經驗。

我18、9歲就當廠長，雖然年齡很輕，工作資歷卻不短，又待過許多工廠，管理上的許多實務經驗，或是在專業技術層面，雖因工廠營運項目不同，但總歸來說，管理者就是要能將心比心，說話算話。

有些管理者自覺位高權重，就翹腳坐在辦公室喝茶、聊天，凡事指揮別人去做，但那樣很難帶領團隊、激發工作效能。

管理者應該扮演領頭羊的角色。以模具開發為例，因為技術層面十分複雜，即使是經驗老到的師傅，也常會遇到困難，這時，管理者需要有能力給予技術支援，指導、協助大家一起突破，如果自己都不懂，無法帶頭先做，師傅遇到什麼困難，無法理解、協助，只是一味地要別人往前衝，當然就會帶不動人，工作也無法完成。

帶人要帶心，每個管理者都懂得這樣說，但說來簡單，卻不一定能做到，要帶動人心，首先要能將心比心，同理對方的困難與需求。

因為我自幼從學徒做起，很瞭解基層工作人員的心理，早期模具工廠，待遇不好，囝仔工沒有加班費，可是訂單一張張接進來，常會需要趕工，人不是機器，需要休息、也需要激勵，大家做得這麼辛苦，為公司賺錢，若能如期完成，當然應該給予適度的獎勵；所以我都會向老闆爭取辦員工旅遊、烤肉等活動，因為得花不少錢，有時候老闆會找藉口推托，我一定據理力爭，有時候還因此和老闆起了小衝突。

久了，大家都知道，只要我答應的事，就一定會做到。

有些人創業後，成了資方，就忘記員工的辛苦，凡事站在老闆的

角度思考，當然很容易就會發生勞資對立的問題。

　　我自己開工廠後，仍然秉持相同的原則，不因為自己當上老闆，就忘記員工的辛勞。

做人，有誠信；做事，有擔當

　　當員工，每個月領薪水，收入固定而安穩，不必擔憂公司營運、資金調度、收益盈虧等，但自己當老闆，無論生意好壞，每個月都得發薪水、付貨款，借錢週轉的事，稀鬆平常，而且作生意難免有被倒帳的風險，無論遇到再大的資金困難，我也絕對不拖欠員工薪水、不賴帳。

　　借錢、還錢，理所當然。

　　但有些人機關算盡、投機取巧，以為可以佔到便宜，而沾沾自喜，結果未必更好。

　　我有一個朋友因為作生意失敗，欠下大筆債務，不思如何清償，卻趕緊悄悄脫產，辦假離婚，將財產過給太太，結果太太得到所有資產後，卻不理他了，他從此一蹶不振，豈非得不償失？

　　誠信，是為人經商的基本原則。說來慚愧，早年作生意時，常得向朋友調度資金，但我向來實說、實行，無論是向岳父、或再熟的朋友借錢，一定照付利息，還錢時限一到，就算口袋空空，也一定去借錢清償前債，信用第一，說到做到，所以大家都不怕把錢借給我，這也使得我在需要週轉時，不會求借無門，因此即使毫無財力後援，賺的錢都投到機器設備裡，使得流動現金不足，經常得「跑三點半」（銀行關帳時間。當日到期支票需及時補足帳戶金額以備提領，否則就會跳票，導致信用破產），但生意總能作下去。

　　也有一些人認為，作生意得錙銖必較，多考慮自己的利益，算盤

打得精，才會賺錢。

　　但經驗卻告訴我，放下一時的短暫利益，多為客戶著想，最後反而會賺得更多。

　　某些客戶雖然有創意、會設計，但對模具不一定內行，設計圖來了，按圖操辦很簡單，但若稍作改變卻會更好，或是依圖開模可能後續問題一堆，例如需要拆開的小元件卻拆不開，或元件不易組裝，只要加點巧思，就能解決問題，讓客戶節省成本，但有些工廠師傅雖瞭然於心，卻嫌麻煩，只求交差了事，但我一定會主動提醒客戶，提出改圖的建議。

　　有時候，發現設計圖缺點太多，我還要求對方讓我把樣品拿回來拆開研究，偶爾會遭到拒絕——尤其大公司，不知是老大心態？或是改圖得經過層層關卡審核同意？拒絕讓我拆開樣品，寧可一次次做不好，才又一次次地修改；但多數公司則是非常感謝，接受建議——雖然表面看來，我是用笨方法在作生意，但是笨方法，聰明做，長期互動下來，彼此建立深厚的信任感，多數老客戶都願意將往後的訂單儘量交給我們做，也使得工廠業務蒸蒸日上，營運順暢。

　　因此，我常說，商道不離人道，不會做人，就做不好生意，而人道，也即是仁道，凡事以仁為本，把員工當親人，把客戶當貴人，就是我作生意的基本生存之道。

2. 留路給人走，自己的路也會更開闊

創業，要有本錢，坊間教人創業的書，常會提到要先為自己賺進第一桶金──我認為「第一桶金」固然重要，但應有更廣義的詮釋，在錢財資金之外，累積專業、技術、經驗，以及人脈，更是打造成功量能的聚寶盆。

年輕時，我賺的錢幾乎都得寄回家裡，就算再努力工作，也累積不了所謂的「第一桶金」。

25歲時，靠著標會來的錢結婚，婚後，又是靠著借來的錢創業，租不起店面，只能向岳父租下廢棄的豬舍作為工廠，買了一張鐵桌、和沖床、鑽床的機器，就開門作生意了。

在這之前，我對作生意、如何跑業務，根本一竅不通，憑靠的就只有技術能力、專業經驗，和人脈──而這裡所指的人脈，並非來自

• 照片中間白色部份是豬舍（我的兩坪小小工廠，或許該稱為工作室吧？）、後面養雞，右側為巷道。

於生意場上的應酬結交，而是過去的「舊頭家」。雖然，我曾一度為了學技術不斷跳槽，但不管待在哪家工廠、待的時間多短，我都一樣認真負責，每回辭職時，頭家雖強力慰留，我仍去意堅決，彼此還是能維持著良好關係。當我創業後，這些舊頭家都很願意把接到的訂單再轉發「小包」給我，並且相信工作只要交到我手上，一定能妥當完成。

而我原就擅長「化繁為簡」，改良模具的製作工法與工序，所以做得又快又好，創業初期，雖以小包代工為主，業務源源不絕，所以幾年內就又連續開了五家工廠，分別找堂弟、妹婿、朋友、大舅等人合資經營。

太太常笑我總是為人開路。但這有什麼不好呢？有錢大家賺，魚幫水、水幫魚，事業版圖擴大了，所有人都能共存共榮。

一念之善，峰迴路轉

而作生意，難免會遇到挫折。

在我創業之初，曾發生股東捲款潛逃的事，雖然那些應收帳款加起來才幾萬元，卻是當時工廠全部的現金，營運差點陷入絕境。當時，曾有人發現那位股東的蹤跡，好意通報我去逮人，我卻沒有行動，心想：他一定是有急需，才會出此下策，就算找到人，大吵一架，也不見得能把錢討回來。

寧願留路給人走，也不要把人逼得走投無路。

那陣子，工廠日常營運雖因此更為拮据，許多貨款都是靠借貸暫時勉強支應，但苦撐一下，困境也就過去了。之後，忙於業務，逐漸淡忘這件事。

婚後，我及妻小曾暫時與岳父、岳母同住，雖相處和睦，但難免

有寄人籬下的不便，總希望能早日擁有自己的房子，恰好，岳父家族擁有一塊土地，彼此協議由岳家出土地、我出資金的方式合建公寓，那時，我所賺的錢大多投入在機器設備上，資金並不充裕，蓋公寓的錢都是借來的。

那是1982年，時逢台灣經濟失序，一度倒風盛行，商場上環環相扣，上、下游產業間常是唇齒相依，一家工廠營運失利、或是倒閉，常會連帶地拖垮互有合作關係的客戶，形成骨牌效應，轉眼間，我也被連續倒了五、六百萬元，加上景氣低迷，造成訂單銳減，事業也陷入空前苦戰。

未料，厄運接連地來，某日下午，妻子出外返家時，抱著孩子下公車，公車竟在她尚未站穩前就開走，整個人摔跌下來，幸虧小孩沒事，但幼時曾患小兒麻痺、原就行動較為不便的她，摔得極為嚴重，骨頭雖沒有斷、但大、小腿被車輪壓得血肉模糊，在醫院住了三個多月。

偏偏那時候，房子才蓋到一半，所有需要金錢週轉的事全擠在一起，應收帳款收不回來，應付帳款又迫在眉睫，醫院、工廠兩頭跑，每天為了調度資金傷透腦筋，我被壓得喘不過氣，心情跌落谷底，曾灰心喪志地向妻子說：「乾脆死一死算了！」但是，我要死很容易，活著的人怎麼辦？負欠的大批債務誰來還？念頭一轉，我堅強起來，繼續咬牙撐下去，於今回想那段慘痛的黑暗期，最感安慰的是，即使在狀況最糟的時候，我也沒有讓任何一張開出去的支票跳票，沒有拖累任何借我錢的朋友。

就在心力交瘁之際，有一天，有位陌生人登門拜訪，希望我為他們公司製作果汁機濾網，那種濾網模具複雜，需要相當高的技術專業，他們一直找不到有能力承接製作的工廠，相談下，我才知道他們

是透過一位舊友介紹來的——而那位舊友竟是在我創業之初捲款而逃的股東。

人生際遇殊難預料，不是嗎？昔日抱著一份善念，沒有為了討債和舊友交惡，在我最艱難的時候，這份訂單猶如及時雨，解了燃眉之急，讓面臨經營危機的工廠度過困厄。

與其討債，再賺更實在

雖然，我從沒期待對人好，能獲得回饋，而當一念之善，又轉以善緣回應時，我內心充滿感恩。

最大的難關度過後，事業又漸漸起色，五家工廠營運順利，但是，我卻心生倦意了。

結婚之前，我就曾多次向妻子談到，有朝一日，希望落葉歸根。當初把我帶大的阿嬤逐漸年邁時，我因為工作關係，長期滯留於台北，即連她往生時，也因為工廠訂單趕不完，老闆一直催返，領人薪水、忠人之事，職務在身的我，不敢久留，參加完喪禮就匆匆趕回工廠——這件事一直讓我耿耿於懷。於今，眼見父母年紀愈來愈大，身為獨子的我，常覺得應該早日回鄉盡孝，當得知母親罹患子宮癌時，我毅然決定馬上付諸行動。

1987年，我將五家工廠經營權移交出去，舉家遷返埔里。

按常理來說，這五家工廠經營多年，業務蒸蒸日上，價值早已翻身數倍，但我深知經營工廠的難處，雖然年年賺錢，但是資金大多又投入購買新機器設備，若我抽走資金，很可能馬上面臨財務危機，念及此，我沒有要求重估資產、依投資比例退股，而是僅取回最初合股時投資的金額，部份款項還分期拿回。

其實當時，我自己也仍負債，妻子因此氣得連續幾個月不理我。

返回埔里定居後，有一天家裡又沒錢了，妻子拿出一張A4紙出來，上面寫滿了整排欠債者的名字，要我去向那些人收回欠債，我拿過來，瞧了一眼，就撕掉。

欠債，是一件不光彩、不愉快的事，若非遇到困難，我相信多數人是不願意欠債的，之所以不還，可能是根本沒能力還，如果有能力還錢，人家早還了；當然，也有另一種人，欠了債，就算有錢也不肯還，那麼，就算我去討、去吵，也討不回來，何必多此一舉？

與其討債，不如再賺比較快。

我天生有著「艱苦人」的韌性，相信人生沒有過不去的崁，就算陷入絕境，咬牙再撐一下，說不定轉機就在後頭！？懷抱這樣的信念，遇到困難就直接面對、解決，就不會覺得人生有任何困難了！

還是那句話：「留路給人走。」而我，也在讓出工廠經營權，毅然返回埔里後，認真投入茶園經營，為自己開出另一條更寬廣的路。

3. 我的種茶私房術

　　說到種茶，我原是門外漢，卻能成績不錯，一開始收成後，就年年供不應求，主要來自三種好運氣。

　　早在1979年，還在台北經營五家工廠時，我就曾在台北三峽買了一公頃多山地（我搬回埔里後，將此地半賣半送捐給板橋宏法禪寺）隔年又在霧社買了十二公頃山坡地，預備做為飄逸茶園。

　　母親往生那年，我托父親代為雇工去幫忙種茶樹，買來的茶樹苗很小，賣主推說是特別留下來的，其實那根本是人家買剩的，但這些賣不出去的茶苗在1600公尺的高海拔環境生長不好，卻適種於海拔較低山坡地（飄逸茶園海拔1300公尺），後來我才知道，原來有些業者

● 飄逸茶園。

為了茶苗賣相好，大量施氮肥，讓茶苗長得粗壯，卻不如正常繁殖的小茶苗健康——這些陰錯陽差，反而讓我種下去的小茶苗存活率高、且生長健康。

此外，由於飄逸茶園面積廣大，當時我心想，若像一般茶園那樣栽種，幾千株茶苗密密地站在一起，放眼望去，會很沒氣勢，因此，我一開始就要求工人將茶樹苗種得寬疏些（初始，種植面積2公頃），一般茶園約莫是每排茶樹間隔約4或4尺半，而我的茶樹每排間隔至少7尺半以上（2公尺至2公尺半）——這不僅讓種下去的茶苗幾乎全數存活，還因為獲得寬廣的成長空間，枝幹能夠盡情往兩側伸展，不必為了爭陽光而往上拔高，枝幹更為茁壯，此外，在一般茶園，工人採茶時都得半蹲或彎腰，但我的茶樹高度都控制在腰間，十分好採，採茶

● 超寬茶園。

婦女都誇採「飄逸」的茶最輕鬆。

所以我說，飄逸茶園的成功，三分之一是運氣好。

而另外三分之一的好運氣，則是來自努力。

美國第三屆總統湯瑪斯・傑佛遜曾說：「我絕對相信運氣這回事，並且發現，我工作愈努力，運氣就愈好。」天下沒有不勞而獲的事，無論從事任何行業，愈努力，累積的專業和經驗愈強，成功的機率當然也相對提高。

● 每一排間距實測2公尺半、8台尺。

雖然，我不懂種茶，但決定投入這個行業，就努力累積實力，到處收集資料、請教專業。

有一段時間，我仔細研究桃園農業改良場及農委會資料，多方瞭解農藥使用方法、以及各種病蟲害適用的農藥類別，發現有些農藥只針對某種病蟲害有效，但有些卻可同時防治數種、甚至十數種，我仔細記錄各種農藥與病蟲害的對應關係，例如葉子捲起來是何種病蟲

害？葉被咬破洞又是為什麼？紅蜘蛛的抗藥性如何？該如何一一對症下藥？又例如，哪些農藥相混會抵銷藥效？甚或產生其他不良影響，該如何避免？我把這些都做成表格，方便查閱。並把日後下藥、施肥的次數、份量、及諸多細節、過程都作成記錄，以便長期觀察比較，歸納出最好的施作方式。

用心經營，低成本高收穫

為什麼特別要提這些？

因為種茶後，我才發現，很多農夫耕種了一輩子，卻不曾花心思去搞懂這些簡單的事，去到農藥行，就依老板建議買回許多不適用的產品，而且也不注意農藥的安全期與藥效持續性，易對土地和消費者都造成無可避免的損害。

而在噴農藥方面，我更發現，每回噴藥後，雖然蟲死了，但很快就又會重新繁殖，相反地，若將農藥按照藥廠指示的倍數，再稀釋一、二成，蟲雖死得慢，但復發率卻較低，如此既節省農藥，又可以維持較長時間的藥效，對土壤的損害也較低。

此外，一般農民噴藥時，是從上往下噴，只能噴到植物上層，農藥停留在表面，事倍功半，就算用大量農藥，仍然效果有限，我看出其中問題，著手改良噴頭、噴管，由下往上噴——經我整理過的茶樹高及腰部，由下往上噴很容易，且一般而言，病蟲害好發於陰暗潮濕處，由於我的茶樹種得疏闊，每排間隔寬，較為通風、日照充足，不會陰暗潮濕，所以病蟲害少，噴藥量與次數也相對較低。

每回，我去買農藥，老板都說：「別人收成少，卻用比你多上好幾倍的農藥、肥料，沈仔，你是不是還在別的地方買啊？」我笑著搖頭，事實上，我所有的肥料都是向他購買的，用量真的就只有那麼

少，而且我絕不使用可能摻有禁藥成份的雜牌產品，所施的肥料及農藥種類時常更換，以避免抗藥性，而肥料多樣性，也會使土地吸收較豐富均衡的養份。

有些讀者或許要質疑了？我一再強調環保，卻為什麼不做有機栽培？且容我說一句實在話，有機栽培牽涉面廣，問題複雜，非三言兩語可解釋清楚，當年我對農事領域並非專業，種茶資歷仍淺，相關議題應留給農業專家發揮；而很多號稱「有機」者是否「真有機」？恐怕還待商確，我只是比較坦白吧？願意如實分享我的種茶經驗，希望讓人們理解，聰明節省農藥、肥料（達到安全用藥），反而收穫更好。

由於飄逸茶園地處偏僻，闢建之初，連路都沒有，汽車根本到不了，只能靠兩條腿慢慢爬上去。

• 上茶園之小路。前者我太太古春蘭、後者我的股東施先生及其兒女。

　　從山下走到山上的茶園，約需兩小時，因此都雇請原住民將肥料、農藥一包包揹上山，每包肥料才250元，揹工就要500元，成本太高了，所以儘可能地減少施肥、灑農藥，只固定除草，並留下一種草桿中空、匍伏生長於地面的草，這種草不會纏死茶樹，到了冬天就乾枯，來年春天又活過來，具有植被、涵養水份的效果，我都戲稱之為肥料草。

　　而茶樹一般都是年底或年初栽種最適合，一般農民年初種，年底就開始採茶，這樣茶樹主根未生長好就採茶，主根會停止往更深的地下紮，但會生出很多細根，雖然茶樹也生長良好，但遇到乾旱就無茶採收、平常也需大量噴水，但飄逸茶園是在茶樹種下三年後才有路可通、前期三年都沒有採收，因此主根向地下紮得極深，成長良好，所以不澆水也無妨。（也是誤打誤撞）

● 因不知其名，我自己稱它為肥料草。

此外，正因山上水源不足，只夠飲用煮食，所以，飄逸茶園一開始就相當符合自然農耕法的精神，讓茶樹自然生長，較少人為澆水，茶樹已經習慣從土壤裡吸收水份，加上留「肥料草」的植被、涵養水份功能，可能建了大功吧？有一年乾旱，別的茶農嚴重欠收，飄逸茶園反而產量增加。

這些，能不能又算是另外三分之一的好運氣？

回饋在地，茶園做番王

俗語說：「吃菓子拜樹頭。」

我做任何事，都會飲水思源，到一個新地方，首先會拜訪村、里長、轄區員警等主要的地方執事人員，瞭解在地情形，經營茶園時，需要工人，就儘量雇請當地原住民。

雖然山地鄉雜貨店東西比較貴，而且，因為買的人少，部份物品存放較久，包裝上時而蒙著灰塵，但每回上山來，我一定會在當地採買，也會儘量購買當地村落種植、販售的蔬菓，山上客人少，有人買個一千元、兩千元，他們就很開心了，做好敦親睦鄰，每當地方上，有什麼大小事，人家也都會主動相告、樂意協助。

如眾週知，許多原住民朋友喜歡飲酒作樂、隨性自由，有時候領了薪水，次日就不來了，但在我的茶園裡，卻是紀律嚴明，工作風氣良好。

雖然，我會買一箱箱的酒放在工寮，但每人每天只給半瓶酒，並嚴禁在工作時喝酒，一旦犯禁，不管男性、女性，沒有第二句，就是開除，當場算清工錢。

平時要求嚴格，但每季採茶、製茶工作結束時，都會連辦幾天聚餐，可以攜家帶眷，辛苦工作一季的原住民朋友，肚裡酒蟲「禁慾」

多時，早就蠢蠢欲動，美酒佳餚無限量供應，讓大家喝通海。

我言出必行，無論是該給的福利、或訂下的紀律，都會徹底執行，當然要求高，相對地，也給較一般行情高的工資，因此能長期留下來的，都是認真工作的好手。

呵！或許因為我行事作風強悍，加上凡事帶頭衝，農忙時，整天跟大夥兒在山裡東奔西竄，做事麻利，毫不腿軟，這些原住民朋友們都叫我：「番王！」

茶葉採收後，馬上就要殺菁、萎凋、翻茶、炒茶、揉茶、烘茶……製茶工序繁複，稍有不慎，品質就大受影響，因此我一定全程參與。

為了學習製茶，初期我曾多方請教，但有些人會做不會說，拉扯半天，語焉不詳，有些人說得天花亂墜，卻沒有重點，許多老師傅製茶都是憑經驗和直覺，雖然願意分享，卻說不出道理來，我只好自己摸索。

【獨家撇步】四季採茶好時機

多數農民都是看天吃飯，參考農民曆用季節算採茶時間、如冬茶必需要立冬後採，才有冬茶的味道，今年（2013）的立冬是農曆十月五日、去年的立冬是九月二十四日、明年呢？農民曆還沒出來怎麼辦？（明年是閏九月十五日）如果看國曆，每年多是同一天十一月七日，所以我算節氣都是用國曆算（西曆）。所有的節氣國曆都是同一天，好記、好算，因此我每年都是國曆四月六日、清明節第二天開始採春茶，（每年清明節都是國曆四月五日，農曆都是不同日甚至不同月）。

　　四月六日往回算四十三天、中栽剪及噴催芽劑（用催芽是參考茶改場的研究）、四月六日一定可採春茶、而以去年氣候評估，決定今年何時採冬茶，進而往回推算秋茶、夏茶採收的時間（同一地區的每一季採收時間，每年大約都相同，所以可以用算的），例如今年冬茶預計十一月十五日開始採收，往回算約四十八天採秋茶（九月二十七日），再往回四十五天採夏茶（八月十三日），再往回四十三天大栽剪（七月一日）。春茶量最多通常採到四月底、五、六月讓茶樹休養。

　　一般茶農採完冬茶後就會來個大修剪，把茶樹剪的像和尚頭，只剩一些大枝幹，認為這樣明年發芽會較早、可以早一點採茶、收成會比較好，但我很不以為然。如眾週知，樹是靠葉片吸收養份，冬季氣候條件惡劣（應讓其休養生息）實不宜過度修剪、我冬茶採完後都不剪枝，改在春茶前中度修剪、採夏茶前四十三天才大剪枝、效果相當好、而每一茶區氣候、海拔高度不一樣、需自行實測才準。我非農業專家、以上只是我的經驗、僅供參考。

做中學技術，學中做口碑

　　曾經，連續多天，我分別以新式機器和傳統焙籠烘茶，一批又一批地記錄不同的烘培時間、溫度與製程，比較不同批次茶葉的特色、品質、口感、香韻，透過理性分析、科學化地實驗、記錄、嘗試，一次又一次改進，找出最好的烘茶條件與技術組合，將時間、溫度、步驟都確定、並據以標準化，製出來的飄逸茶，品質都相當穩定。

　　因為對飄逸茶有信心，除了自己天天喝外，也樂於分享，但早期曾發生一件趣事，那回我送茶給某位朋友試喝，但經過一段時間卻

都沒反應，見了我，從不提飄逸茶泡起來好不好喝？我挺納悶地，好奇地探問，才知道她母親喝了之後說：「沈仔鬼頭鬼腦，他從沒做過茶，這茶卻這麼好喝，不知是加了什麼東西，所以這茶絕對不能喝。」

呃，這該算是讚美還是詆毀？我聽了，只能苦笑！

飄逸茶園每年採摘四季，約六千公斤茶葉，賣到不夠。而我的茶販仔僅有兩位，初始會到現場試茶，後來，根本連試都不必試，全包了，傳統茶農都是用布袋裝茶、寄茶，但我卻會用厚紙箱保護茶葉不受擠壓，茶販仔甚至不必拆封驗收，就直接送往下游批發商。

為什麼拉拉雜雜說這麼多？原因是，近年來常被問到：「怪了，許多茶農摸了幾十年，茶還種不好、賣不好，你是黑手出身的，為什麼能在很短的時間內，就學會種茶、又會賣茶？」被問多了，心想乾脆寫出來，就不必一次次地回答，我非專家，只能提供土法煉鋼的種茶、製茶私房術，雖是野人獻曝，但句句坦實，希望與愛茶者交流、分享。

4. 挫折是對未來的祝福

挫折，不等於挫折感。

新世代的年輕人似乎比我們這些習慣吃苦耐勞的ＬＫＫ更怕壓力，遇到的挫折雖小，挫折感卻很重。

其實挫折沒什麼不好，反而是一種逆增上緣。

當初，因為經營工廠太辛苦，也對家族事業常見的諸多問題感到多所掣肘，又適逢產業外移工廠面臨轉型的瓶頸⋯⋯正是這一大堆挫折，提醒我未雨綢繆，才會買地，計畫未來往茶葉界發展，因為有了轉行的念頭，覺得該對茶葉相關專業多些瞭解，所以1979年，和妻子到當時台北有名的陸羽茶館學習泡茶。

• 第二排中間穿西裝者蔡榮章老師、第二排左三坐著古春蘭、第一排右二沈順從。

接觸後，發現傳統泡茶技術非常困難，每次上課，我泡的茶，都被老師搖頭，未料，上課最後一天的評審會上，請來了多位評審，我泡的茶，竟然被評選為第一，只扣分在倒茶時茶水滴到桌面沒有馬上擦拭乾淨。

這讓大家都十分意外。事後分析，我猜，不見得是我泡的茶好，而是其他同學得失心太重，泡茶時過度緊張、正襟危坐，影響了泡茶品質、以及評審的給分標準。

榮獲第一，非但沒有帶來欣喜或受肯定的成就感，反而讓我更困惑，對於怎樣才能把茶泡好？仍是毫無把握。

用紫砂壺泡功夫茶，看不到茶葉在壺裡的變化，技術難度高，過程複雜、麻煩、味道口感不穩定，每泡茶的茶葉量該放多少？茶葉該浸泡多久？而茶葉在浸泡後會漸漸舒展、漲開，佔據茶壺內的空間，隨著茶葉浸泡愈久，注水量也遞減，可能第一泡茶倒出五小杯，第三泡茶變三小杯，如果有五位客人，另外兩位就變得沒茶喝，得等待下一泡茶，或是將兩泡、三泡茶集中在茶海裡再一起倒出來，否則每泡茶的味道也都會變化不同。

賦予傳統新生命

這讓我感到很挫折，因此興起了改良傳統泡茶法的念頭，不斷思考、研究如何用最簡單的方法泡出好喝的茶，從而發明了飄逸杯。

許多事未投入前，常會覺得很簡單，做了才發現困難——研發、改良飄逸杯的過程正是如此，做了，才知道困難重重，有時候，為了改善一個小缺點，花了好幾個月、甚至一、兩年，才想出改善方法，而為了找到適用的材料或能配合開模試作樣品的廠商，又花了好長一段時間，投入的時間、精神和金錢難以估算，當初，如果遇到挫折，

我就退縮放棄，就沒有日後的成果了。

　　第一代的飄逸杯，雖然技術和功能都還未臻理想，曾一度上市（賣了幾萬支），不過，那時候還在經營工廠，並未全心投入研發與推廣，僅是零星販售；搬回埔里後，又忙於經營茶園，直到參加慈濟志工（1990）後，擔任的工作越來越多，很多委員希望我授證為正式委員，但要授證成為正式委員需守八戒（現改為十戒），而當時每一季茶都會噴農藥，第一戒不殺生，就行不通了，因此（1994）將山上的茶園交由股東去照顧，以便接受慈濟委員的授證。

　　退出茶園後，彷彿失業一般，頓時沒有收入，每天開門七件事樣樣得開銷，還要負擔父母的生活費，錢要從哪裡來？

　　雖然妻子對我的決定向來百依百順，也很支持我做助人工作，但私底下，或許常會起煩惱、偷偷落淚也說不定？有一天，她擔憂地說：「家裡沒錢了，你又沒收入，未來生活該怎麼辦？！」我說：「沒關係啦，有捨才有得。」她歎口氣回答：「但也要有得才能捨呀！我不反對你幫助別人，但也要想想家裡的情形。」

　　的確，我一個大男人，肩負著養家責任，又揹負著貸款，坐吃山空也不是辦法！

　　「放心啦，沒問題，相信我就是了。」我嘴裡這麼說，但沒有工作、又沒了茶園薪水的收入（年底才會分紅）起碼的家計開銷可能很快都會出問題，怎麼辦？正是因為這個轉折，才又刺激我進一步改良最初的飄逸杯。

赴日參賽，笑話一籮筐

　　1987年，因緣際會，經濟部中小企業處委託專利事務所承辦赴日參展活動，獲知消息後，雖需自付旅費、攤位費用，我抱著姑且一試

的心情，帶著第一代拉式出水飄逸杯到日本參展。

行前，思考到無論是西方的紅茶、或日本的綠茶，都是條索狀，沖泡後，茶葉僅會略微漲開，差別不大；但揉捻成捲球狀的烏龍茶就不同了，沖泡後，葉片會漲開數倍，沖泡份量不易控制，造成茶葉易因擠住而泡不開、水沖不進去、茶湯過濃等缺點。當時，市面上已有小包裝的袋茶，我靈機一動，將原片烏龍茶取適量做成小包裝，這在當時可能算是創舉吧？

日本人喜歡喝茶，但對台灣烏龍茶及其泡法並不熟悉，因此，我還預先將飄逸杯做成禮盒，內附10小包原片茶葉，每包茶葉份量，恰適合飄逸杯一泡茶的使用量。如此，既方便我在展覽現場，示範沖泡給客人喝，客人買回去後，只要撕開鋁箔包裝，就能直接將適量的茶葉直接置入飄逸杯中沖泡，即使不熟悉台灣茶的日本人，也能精確掌握每泡茶的茶葉份量，不必擔心泡茶時茶葉量放太多、或太少，沖泡時間也很容易控制，輕鬆達到沖泡簡易、茶又好喝的效果。

不過，我既不會英文，也不會日文，到了展覽現場，遇有事情需要溝通，就比手劃腳，也不懂得可以請翻譯人員幫忙（事後才知道，會場有主辦單位聘雇的共用翻譯人員），參觀者來到攤位前，我只會泡茶請客人喝，完全不知道該如何介紹產品，幸虧隔壁攤位女主人會說日語，當她有空時，就會協助我一下，滑稽的是，行前，我曾請翻譯社為飄逸杯翻譯成日文，寫在紙上，製作成捲軸式海報，攜帶前往，在會場張掛起來，因為不懂日文，也不知道寫得對不對，隔壁攤位女主人一看，哈哈大笑，原來那日文寫的是：ぽってぃ（與夜壺諧音）。

就這樣每天泡茶請人喝，七、八天一晃眼就過去了，聽說評審每天都會在會場穿梭、品評，到每個攤位拜訪，混在一般參觀者中，並

不暴露身份，依著各項評審標準，悄悄打分數。

意外榮獲發明獎金牌

終於到了公布得獎名單的緊張時刻。

每個參展者都摒息以待，但我心態輕鬆，視此行只是來買個參展經驗，為飄逸杯在日本試試水溫，毫不在意參賽結果。

前方台上，大會主持人所說的每句話，都有英文即席翻譯，卻沒有中文、或台語翻譯，究竟說些什麼？我根本聽不懂，只見一些得獎者陸續上台領獎，又陸續下台，再又換另外幾個得獎者上台、下台，突然，主持加強語氣宣佈——隔壁攤的推了推我說，眨了眨眼睛說：「首獎、首獎耶！」現場掌聲雷動，我人矮腿短，翹首四下張望，覺得很奇怪？怎麼老半天不見得獎人上台？而且，隱約覺得怎麼大家的眼光似乎都朝著我的方向望來——

我回頭看看，沒別人呀！。

「你啦！還看什麼看？就是說你啦！」隔壁攤女主人推了我一把。

呃！什麼？我還丈二金鋼摸不著頭緒，愣愣地站著，主持人又宣布一次得獎者，我疑惑地望了望隔壁女主人一眼，她笑瞇瞇地，一路把我往外推，說：「還站著？不趕快上台領獎？」在持續不歇的掌聲中，我像踩在雲霧裡，腦袋一片空白，都不知道自己是怎麼被她推著走上台的？上了台，也不知道要幹什麼？只是任憑擺佈，被請來的頒獎人，似乎大有來頭，我從他手上接過獎牌、互相握手、合影，現場鎂光燈閃個不停，直到被引導下台，回到攤位上，我的雙腿、雙手都還會發抖呢！

「你每天賄賂評審喔？」隔壁攤女主人打趣說。

「亂講！我連誰是評審都不知道，話語也不通，要怎樣賄賂？」

我仍滿臉茫然，覺得一切很不真實。

　　七、八天來，我只是泡茶請客人喝——對喔？好像有些人每天都會來喝過幾回茶，而泡茶本來就是要請人喝的嘛，來者是客，我一律盛情接待。會否其中的一些人就是評審？所以才三番兩次地一再前來試喝、打分數？

　　頒獎結束後，各大媒體都跑來採訪。

　　會場中很快傳出類似「看起來根本沒什麼，怎麼可能得獎？」、「運氣好，被他矇上的吧？」之類的耳語。坦白說，才第一次參展就得獎，而且是國際性展、名稱是世界天才大展、能打敗世界各方好手為台灣獲得金牌，高興是當然的，但我比他們還意外，更希望知道為什麼會得獎？媒體中，有一位隨台灣參展團同行的工商時報記者表示，他曾經採訪評審，探問得獎原因是：飄逸杯很好用，可以用簡單方法，泡出好喝的茶。

　　是喔？我這才恍然大悟。

　　當時，飄逸茶園已經開始收成，台灣高山茶品質優越、烘焙技術純熟，世界上其他茶區難望其項背，向來深受講究嗜茶者的偏愛。我帶來的茶包就是以自己生產、烘焙的霧社高山茶製成，並以飄逸杯現場沖泡，對台灣高山茶陌生的日本人當然為之驚豔。

　　顯然，此番獲獎，茶葉好，也幫了大忙吧？

　　那回我帶了幾十組杯具、茶包禮盒，以每份1200元的價格出售，全數賣完，賺回旅費和一面金牌。回國後，又領到政府頒發的二十萬元獎金。

　　隔年（1988），中國大陸也舉辦第一屆國際發明展，中國國務院邀請我們幾個得獎者去參加，當時，兩岸尚未開放，我也沒多想就去了，十多天裡見了許多高官政要，每次餐敘，大多會安排美女坐陪

（可能是紅衛兵），她們一個個年輕貌美、身材窈窕，而且都比我還高。有一回，被拉進舞池，伴舞小姐頻頻對我使眼色說：「抱緊一點，否則上頭會指責我們工作不盡力！」唉！可是我不會跳舞，一把對方抱緊更覺寸步難行，老是踩到高佻美女的腳，尷尬極了！於今回想起來，覺得十分滑稽。

總之，人生起伏難免。三十幾年來，飄逸杯系列產品又歷經不斷改良，並陸續榮獲十多項國際專利及大獎（包括日、美、德、韓、新加坡、泰國、馬來西亞、台灣等），產品備受國內外歡迎，行銷全球三、四十年，歷久不衰，於今銷量仍穩定成長。

簡單幾句話，成功似如探囊取物，垂手可得，事實上，研發及改良過程中，曾歷經無數多挫折與考驗。而在每個遇到挫折的當下，壓力雖然存在，卻猶如成功的試金石，日後回顧，將發現挫折非但不可怕，反倒是對未來的祝福。

• 1988年在人民大會堂和領導合影。首排戴墨鏡者為王震副主席，後方右四為沈順從；另放大鏡頭、第二排第二位沈順從。

• 我在人民大會堂留影。

• 1988年在萬里長城留影;右起:陳聰海、黃慶堂、沈順從。

【歷代飄逸杯．革新進行曲】

台灣早期的泡茶方式，約略可分為三種：

一般人家大都是用大茶壺（以前的茶壺大部份是鋁製品）、把茶葉放入大茶壺內、茶和水一起煮。

比較專業、對茶較內行的人，流行用大陸傳過來的紫砂壺，一般稱為老人茶壺，這種泡法（也稱功夫茶）較為講究。

此外，經濟比較好的人家，也會用瓷壺泡茶。

我開始種茶的時候，家裡也是用大壺茶泡茶，有貴客來訪時，才會特別拿出瓷壺。

傳統泡茶法

用紫砂壺泡茶過程麻煩，道具又多，除了紫砂壺外，還需要茶海茶盤、茶匙、茶則、茶漏、茶針，而在喝茶的小杯子外，還有專門聞香用的聞香杯，配件繁複、沖泡技術困難，茶湯品質也不易掌握。

用紫砂壺泡茶，要有一個過濾網，還要有一個茶海（公杯）。

過濾網是要過濾一些較小的茶渣，讓口感比較好。

有些較講究的茶壺會在壺內嘴肚處做一層隔離茶葉的設計，但是要倒水出來時，仍常發生茶葉堵塞，導致茶水倒不出來的情形，所以還需要準備茶針、或找一支牙籤待命，當茶水倒不出來時，將茶針或牙籤刺入壺嘴將茶葉鬆動，減緩堵塞，水才能倒出來。

● 傳統泡法整套用具。

　　有一回，某位茶農以紫砂壺泡茶、沖了二、三泡後，水就倒不出來了，當時他嘴裡正含著牙籤（可能剛吃飽飯吧？）就順手把牙籤從嘴裏拿出來，往壺嘴插進去抽動幾下、茶水就倒出來了。茶農把牙籤放回嘴裡咬著，再沖了一、兩泡茶後，出水孔又阻塞了，他再次把牙籤從嘴裡拿出來，如法炮製──呃，那茶就算再香、再好喝，我也喝不下。

　　用紫砂壺泡茶，茶葉需放較多，浸泡久了，味道濃易苦澀，即使同一泡茶，依序倒進小杯裡，每杯茶水也濃度不一，而每泡茶的口感、味道不同、且濃度會往後遞減，愈泡到後面，例如第五、六泡，就沒什麼味道了，因此常會將各泡茶湯先倒在茶海裡混合，中和茶的濃度、味道和口感。

　　用過的紫砂壺，即使清洗乾淨，一星期後倒進熱水，仍會釋出異味，這證明紫砂壺會吸茶水及異味。

　　試想，在常溫下，茶水擺幾天後就會發霉變味，時日久了，被鎖在壺身裡的茶水難道不會變味？而乾燥的茶葉浸泡後會慢慢舒開漲大，佔據壺內空間，導致每泡茶的茶湯量依次遞減，不夠客人喝時，奉茶就怠慢了！

　　傳統老人茶泡法還有另一缺點，很難精確判斷到底要放多少茶葉？因為茶葉放進紫砂壺後，看不見份量，每回都得費心注意、揣測茶葉放夠了嗎？有一回，某外國客戶來訪、離開時，我再次送他茶葉，他卻堅持不要、經翻譯溝通後，我才了解，原來他上回來台灣，看我們泡茶時，壺裡滿滿的都是茶葉（他不知道那是泡後逐漸漲開的），回去後，就將我送的原片茶葉倒了滿壺，結果每一泡茶都太濃、不好喝，而且因茶葉量太多，漲開後，很快地，壺就進不了水，當然也就泡不出茶來。他覺得泡茶太難了，因此拒收我再送的茶葉。

　　老人茶泡法問題多多，想要種茶的我，心想，若茶葉在國內無法賣完，就得銷往國外，但當時台灣流行的老人茶泡法，連我都難以駕馭，一般年輕人（當時我未滿三十）恐怕也不太能使用得好，更甭說要將茶葉外銷，賣給外國人用相同方式泡茶來喝。

　　因此，我決定要設計一種連三歲小孩都會用的泡茶工具。

第一代飄逸杯採用拉式出水法／獲日本國際發明展金牌獎。

1　最初以釣魚線拉動玻璃珠控制出水口，但玻璃珠不夠圓、大小不穩定。

＊　為了泡茶時能清楚看得到茶葉，不必擔心放太多或太少、也希望茶具不吸異味，選擇以耐溫差150度C的燒杯玻璃為質材。

＊　為了簡化泡茶方法，將過程和動作標準化，不必複雜的工具和配件，不必另買濾網、茶海，也不必準備牙籤，只要用這套杯具，就

能輕易泡出一壺好茶。

這就是（1980）飄逸杯的原始構想和雛型，於1985年正式向內政部申請著作權。

研發之初，好不容易找到一家願配合的玻璃廠，但麻煩來了。

下杯（可當個人用茶杯、也可當公杯）沒問題。

但上杯中間下方要有一個洞，這個洞要很圓、位置精準，才不會漏水，玻璃廠說：「我們沒有這種技術（截至目前，還沒有過這種技術），燒杯玻璃耐熱度高，卻特別容易受力碎裂，要在中間開一個洞都有困難了，絕對無法達到止水的境界。」我退而求其次，只要求在上杯下方開一個洞，洞儘量要圓，止水功能我另想辦法。

我設計了有柄、下方連著一個半圓小砂輪的元件，請砂輪工廠幫我製作出來。

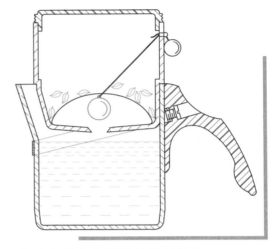

• 飄逸杯最初之圖設計於1980年。

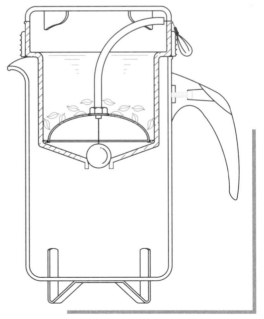

• 終身著作權42395。

但是元件一夾在鑽床上，磨下去玻璃就破了，幾經試驗，後來邊磨邊加水降溫、降低阻力，情況略有改善，但還是無法達到止水程度。

只好另想辦去，找到一家專門生產礦石剉刀的工廠，請他們依照我的想法和設計圖，製作一支類似砂輪廠在使用的鑽石工具。

雖然鑽磨時破損率很高，但總算解決玻璃上杯中央處洞徑大小精準的困難，並以釣魚線拉動玻璃球（彈珠）在洞口上方達到止水、及洩水的功能。

但要在玻璃珠上鑽一個洞，十分困難，一年後才找到有能力配合的工廠，先在玻璃球中央打洞，將釣魚線綁在彈珠上、穿過濾網，另一頭則綁在迴紋針上，作為拉環。

• 舊型內杯玻璃。

• 玻璃珠＋網＋迴紋針。

濾網也是個大問題，原先採取不鏽鋼編織網，但太軟了，茶葉一放下去，編織網就被壓扁，改以不鏽鋼板沖孔的網，洞徑設計0.5m/m（0.05公分），洞越小，過濾效果越好，當年沒有0.5m/m這麼小的鑽頭，當然也無法製造模具，技術面需要自己去突破，後來改為1m/m的洞徑（這在目前還是高難度的沖孔技術）。

• 不鏽鋼片沖網。

這個技術在我人生最困難的時候，讓我翻身（1982），當時我被五、六家廠商倒帳幾佰萬，太太嚴重車禍、孩子又小，在走投無路時，接獲一張手動果汁機濾網的大訂單，靠此技術，才解了燃眉之急，也讓我能夠繼續研發飄逸杯。

飄逸杯終於初步完成，開始試用。

誰知放了茶葉，滾水沖進去、水和茶葉都流到下杯去了，既無法過濾，茶也沒泡好，經過多天反覆研究，找出問題的癥結點：

一、釣魚線遇熱時，線會變形、捲上來，導致茶水

• 玻璃上杯＋鋼片網＋玻璃珠。

　　未泡好就流往下杯。

二、濾網太輕，水沖下去，濾網浮起來，茶葉就會跑進網內，從上杯底部中央的圓孔流到下杯。

三、玻璃球不夠圓，而且用釣線綁住的地方有時會碰到止水處，造成漏水。

　　結論是這個方法不能用。

• 玻璃珠。

　　過程敘述起來，篇幅很短，但從投入到這個階段，卻已經花了幾年的功夫，也投下許多錢。

　　放棄嗎？不行，放棄的話，這幾年的辛苦，以及投入的金錢都會泡湯。

　　當年投入的錢，都是借來的，我沒有回頭路，只能繼續研究。

2　將釣魚線改為不鏽鋼線植入不鏽鋼管中，改良釣魚線遇熱易捲曲的問題，拉頭從迴紋針改為更易捏拉的水滴狀，並將玻璃珠改為品質較穩定的不鏽鋼珠。

　　攪盡腦汁，試著把玻璃球改為不鏽鋼珠。

　　但一般世面上所用的鋼珠，真圓度不夠，繼而從日本進口公差在千分之一m/m、頂級的食品級304鋼珠。目前飄逸產品的鋼珠及濾網已升級為316耐酸鹼、是醫療級及船上專用的，2013/10/8《自由時報》

刊登目前市面上的不鏽鋼餐具均為200系列，用便宜的錳代替鎳，可能造成神經傷害。事實上，目前的304也都有鎳不足現象，因此我改用316。

※上述二階段，水注入上杯時，過濾網常會浮上來，造成倒茶時茶葉掉落外杯，且玻璃珠或鋼珠易因而滑動，出水情況不穩定。

【專業比一比】不鏽鋼差很大	
以有、無磁性來判斷不鏽鋼的好壞，是不正確的；例如200、300系列同屬無磁性不鏽鋼，但300系列與鐵放在一起會生銹，與玻璃鎖在一起久了，也會有黃斑點出現（但那並非生銹）。 判斷不鏽鋼的好壞，應以鎳含量越高越好，鎳含量如有8%以上就很好了。	
304	鉻18鎳8──這是國際標準之不鏽鋼餐具（加工後會有弱磁性）。
316	鉻18鎳10──這是不鏽鋼餐具最頂級材料，價格昂貴，市面上99%產品較會用這種材料（加工後會有弱磁性）。
430	鉻18鎳0──鉻、錳含量不明。
200	200系列錳常超量，不含鎳，其重量僅約其他系列的一半。

3 上杯杯緣及過濾網邊緣各加上一圈矽膠，用以隔熱、固定過濾網，改善之前茶葉易掉落、鋼珠滑動的缺點。並在杯蓋底部增設四片立面，形同杯架，可以將內杯穩穩地放在杯蓋上。

此階段，將釣魚線改為鋼線，買一台自動點焊機。

繼而，把鋼珠和鋼線焊在一起，並改採雙層濾網，一層用編織網、另一層用0.5m/m厚（0.05公分）不鏽鋼、沖出1.0m/m洞徑之不鏽鋼網。

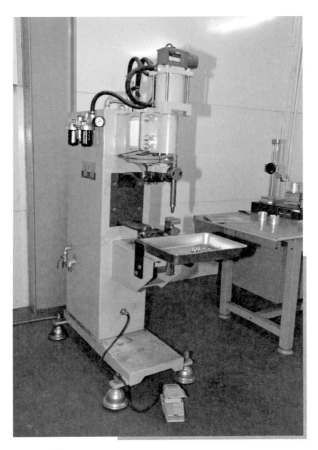

• 點焊機。

　　並把鋼線放入一不銹鋼管內，以免被熱水泡漲的茶葉擠到旁邊去，牽動鋼珠，導致出水口漏水——如此將可避免之前茶葉未泡好，茶水就從出水口往下流入下杯的情況。

　　並在兩層濾網的外圍套上一圈矽膠，以防濾網浮起來、茶葉溜到下杯去。

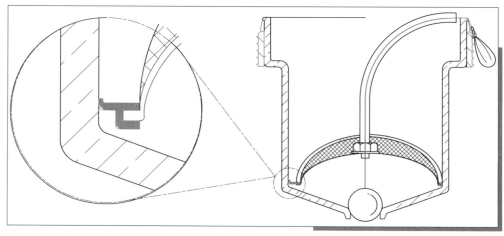

• 濾網與矽膠組合。

　　沖泡時上、下杯可分開使用。

　　上杯拿出來放在一邊當茶壺,可以繼續沖泡,下杯則是公杯,可以倒出小杯飲用,或自用時當茶杯直接飲用。

　　但上杯因是玻璃質材,沖滾水後很燙無法拿,就在上杯上緣加一圈矽膠隔熱,以利拿取。

　　原本的設計,上杯底部是尖的,取出來後,無法平放,因此又在上杯下方加設四腳立柱,形同杯架,方便放在杯蓋上。

• 第一代飄逸杯、專利40397圖。

• 上杯放在杯蓋上、下杯放一旁。

獲日本國際發明展金牌獎

從最初投入，到拉式飄逸杯終於可以上市，已經過了六、七年。

皇天不負苦心人。

1987年，在經濟部中小企業處帶領下，飄逸杯遠征日本，奪下日本國際第一屆發明展之金牌（世界天才大展）蒙李登輝總統接見。

• 第一代飄逸杯完整相片、專利40397圖。

• 1991年，承蒙（前總統）李登輝先生於總統府接見（第四排右
二，著淺色西裝者為沈順從）。

上市後賣得不錯，但數量越賣越少。整合了消費者的反應，歸納
出幾個缺點：

1 破損率高：

第一代「拉式出水」最初的設計，是將連接鋼線的迴紋針拉頭（後
來改為更輕巧好拉的圓形拉頭）設在杯外，從杯外一拉，就可以拉
動鋼珠，控制出水口，但因每個人施力習慣不同，動作大些、或用
力一拉，可能就會將整組杯具拉倒，造成破損。

尤其上杯更容易破。在清洗的時候，多數人習慣將整組杯具放倒
（平放），因上杯、下杯都是玻璃，上杯很容易就會滑出來摔破。

2 濾網組易丟失：

泡茶時，濾網會被漲開的茶葉覆蓋住，一般人洗杯時，常會把上杯
內的茶葉，直接往垃圾桶倒，一時未察，很容易就會連濾網也一起

倒進垃圾桶，卻未察覺。

而破損率太高，也使商家降低販售意願，所以銷售量日減。

第二代飄逸杯改採壓式出水法／獲美國國際發明展二金一銀一銅

1 之前，鋼線和鋼珠需焊在一起，難度高。改為將鋼珠放在內杯裡，利用翹翹板原理，從外面底部將鋼珠往上頂，茶水就會從內杯流入外杯。

2 後以槓桿原理取代翹翹板，少了彈簧，簡化設計。

3 原本，鋼珠下易形成水珠，受到翹翹板元件牽引，水會不斷往外杯滴漏，將元件移往杯內後，解決上述缺點。

4 內杯壁多了一圈凹槽，利用機器將濾網壓到凸出物下方固定於底部，突破之前過濾網以螺絲鎖住，螺絲易生茶垢的難題。

整合了拉式出水的缺點——上杯容易破、濾網容易丟掉、拉式出水易不慎拉倒杯具——這回，將拉式出水改為壓式出水。

之前，拉式出水的鋼珠要焊接在一條細鋼線上，既不好焊也容易脫落，這次改為把鋼珠放在內杯，並在上杯邊緣做一連接系統，像翹翹板一樣，從下面推動鋼珠頂開洞口，水就流下來了。

原以為這樣的設計很不錯，就開模做出樣品，完成後試用，未料竟會漏水、原因是鋼珠與上杯底部

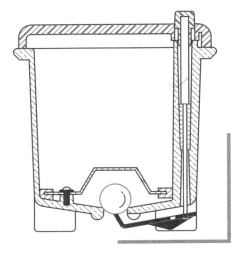

• 專利119668用翹翹板原理從下方頂起鋼珠。

出水口雖精確密合，不會漏水，但是翹翹板元件與濕鋼珠接觸，因水分子相互牽引，水就聚向鋼珠底部往下由翹翹板滲漏，這是很奇怪的現象，不管如何修正、處理、改進，水依然會滲漏出來。

　　只好重新再設計，改以槓桿原理將元件設計在內杯裏、讓出水更安全方便。

　　此外，生產技術難度高的各項零件，也在這個階段，全部再修正改進，例如，濾網的組合改用80目編織網，把網用射出成型固定，再用不鏽鋼螺絲鎖在上杯內；後來發現杯具用久後，螺絲跟內杯結合處，會有茶垢的出現，又進一步修改——在上杯內壁加設一圈凸出點，再用機器把濾網強制壓進內杯，以凸出點卡住固定於杯底，突破之前過濾網以螺絲鎖住，茶垢不易清洗的難題。

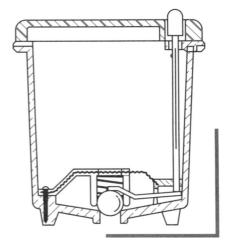

● 專利268256用槓桿起動鋼珠。

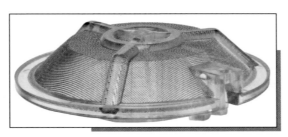

● 現用成型網。

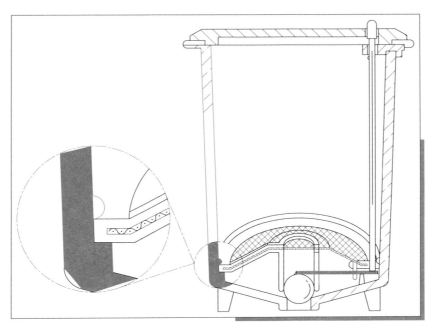

● 內杯與網之組合。

第三代飄逸杯上杯改用更安全的PC質材，並增加各種新造型與設計

1 獨創雙杯蓋均可密合的多功能設計
2 竹節杯造型討喜

　　有一天，我在消費者基金會的刊物裡看到一則報導，指出玻璃奶瓶有毒、重金屬含量太高（現在的玻璃奶瓶、不知檢驗合格否？）、又容易破，呼籲家長們改用PC材質的奶瓶——輕、不易破、也沒有重金屬。（2013、2、17《自由時報》也報導PC對人體無害，雙酚A直接摻入飲料食品才對人體有害）

　　這則報導，啟發我決定捨棄玻璃、改用PC質材來生產飄逸杯（飄逸杯的安全、無毒性，在歐盟、日本、台灣、美國、大陸等地，均通過合格檢驗）。

　　上杯止水問題,曾讓我傷透腦筋,因當時射出技術不夠,所以每一個上杯,都必須以精密桌上車床加工處理真圓度,才能止水;後來,射出成型技術進步了,並改以日本機器射出成型,才突破每一個上杯要加工處理才能用的麻煩。

　　這樣不斷的設計、開模、試模、試用、改良⋯⋯,終於在1994年完成「壓式出水」飄逸杯,再重新上市,從第一個月銷售約壹千組,到目前的每月數十萬組,一路走來,辛苦總算有代價。

• PC-657;整組PC製成。

　　1998年,飄逸杯越洋參加美國發明展,報名五個類別,獲得二金一銀一銅——食品飲料容器類及辦公用品類金牌獎、廣告促銷類銀牌獎、技術與藝術銅牌獎。飄逸杯品質優越,正常使用一輩子都沒問題,應是最環保的泡茶杯具,在2000多件參展作品中,是單一產品獲得最多獎項的作品,也是總冠軍,領到經濟部的獎勵金貳拾萬元。

　　為了讓飄逸杯更實用、好用,即使已備獲國際各界肯定,我依舊

持續研發改良，更新設計的動作不曾停止，不僅我與家人，我身邊的
親朋好友、員工都是第一線試用者，每天隨時都在使用，一發現新問
題，即使未有客訴，也會主動改善，甚至重新設計開模，更換更適切
的新零件，所以部份老客戶想更換舊零件，卻無法更換的原因即在此
——舊零件已不生產。

飄逸杯除了可泡茶外，泡咖啡也比一般咖啡專用壺器方便、更快
速，採用浸泡方式，即使多泡一、二泡仍很夠味，而且，是在原來的
濾網上加一濾筒，不必放濾紙，很環保。

• 專利439477號，用100
目濾網、在原有濾網
上加一濾筒。

• 浸泡式咖啡杯不用濾紙，更環保、快速，也可用來沖泡
其他浸泡式需過濾的飲品。

老客戶們用飄逸杯久了以後，常覺得若能加購一個杯蓋更好。飄
逸杯原設計只有一個杯蓋，使用者若把上、下杯分開使用，就覺得少
一個杯蓋，蓋上杯、下杯就沒蓋，蓋下杯、上杯又沒蓋，双蓋設計解
決了上述問題，也是世界首創設計。

• 貼心的獨創雙蓋設計。

• 竹節杯。送禮有讓人節節高升的含意。

飄逸杯得獎記錄

1987日本國際發明展（世界天才大展）金牌獎

1988中國國際發明展金牌獎

1998美國國際發明展二金一銀一銅

2002韓國國際發明展金牌獎

2002台灣精品獎

2002台灣設計優良產品

• 日本金牌。　　　• 中國金牌。

• 美國發明展獎牌（二金一銀
　一銅）。

飄逸茶、飄逸杯的命名由來

早年,販售茶葉大多是散裝的,店家會直接將散裝茶葉放在金屬桶子裡,當客人購買時,再取出適量秤重;但此法茶葉易吸濕氣及異味,暴露在空氣中,很容易就會潮濕走味,影響口感;而我的茶葉一開始就是採小包裝,有600、300、150公克,先以鋁箔真空袋裝,再放入紙罐中,求其品質穩定。

• 商標圖。

有了包裝,就想印上商標。當年,許多茶杯上多會印著以書法字體寫成的「飄香」二字,若再用就太通俗了,我翻閱字典,覺得「飄逸」的意境不錯,就選為商標註冊,並設計圖樣,印在茶葉包裝上,之後研發出來的泡茶杯組,也就順理成章地命名為飄逸杯。

飄逸杯特色

一、透明設計,茶葉放多少、茶湯濃淡看得到、操作簡易、沖泡快速。

二、集合茶壺、茶杯、過濾、茶海(公杯)之功能。

三、可分開使用,上杯(內杯)當茶壺、下杯當自用茶杯,也可當公杯。

四、可沖泡各式茶葉、花茶、中藥,泡咖啡不必用濾紙。

五、不吸異味、保留原味。

六、衛生、環保之最佳茶具。

六十秒輕鬆泡好茶小秘訣

1. 放入各式茶葉
   茶包(或咖啡)
   於內杯。
   泡咖啡不必放濾紙

2. 沖入沸開水
   並將杯蓋蓋上。

3. 按出水鈕，茶葉、茶湯
   自動過濾分離。

4. 外杯可當公杯，
   內杯可繼續沖泡。

5. 健康、環保帶著走

　　1990年代前後，南投山區道路崎嶇，大多是又窄又陡的石子路，許多路段一般車子根本難以行進，尤其轎車更無法承受那種馬路中間凸起、兩邊凹下去（兩道車輪溝）的路況。而我因義務擔任慈濟南投區訪視負責人，常要到山區訪視、勘災、救災。

　　雖然，慈濟證嚴上人常告誡我：「山區危險不要帶太多人上山。」但山區貧戶多，景況堪憐，遠比平地的弱勢戶更需要協助，當時，山區風光比現在更原始自然吧？很多委員都想趁機隨我一同前往，半開玩笑地說：「做功德、順便遊山玩水。」。

　　「需要準備什麼嗎？」行前，大家都會問。

　　「要帶安全帽和奶瓶。」我半開玩笑地回答。

　　「為什麼？不是要坐您的車子嗎？難不成要騎機車上山？為什麼要帶奶瓶？是要送給感恩戶嗎？還是山上買不到奶瓶嗎？」大家一頭霧水。（慈濟對濟助戶稱為感恩戶──證嚴上人表示，感恩他們讓我們有修行體悟人生的機會。）

　　「汽車走在石子路上搖晃得很厲害，路彎來彎去，斜坡起伏很大，喝口水就濺得滿身，稍微不小心頭就撞到車殼，打瞌睡時、頭更是碰來碰去的，所以才開玩笑說要帶奶瓶和安全帽。」我笑著解釋。

　　我經年累月在山裡跑（飄逸茶園路況相似），深切體會其中的辛苦，決定著手研發可攜式茶具，來解決山區訪視時飲水困難的問題，從而啟動了創發「行動拍檔」的契機，主要設計工作則由兒子負責。

　　當年的台灣，比較方便的就是大壺茶或袋茶，瓶裝飲料茶剛推出時，原本反應冷淡，是在強力廣告好一陣子後才被市場接受，之後各種保特瓶裝茶飲就百家爭鳴。

　　許多人一天要喝數瓶市售飲料，但瓶裝飲料多為人工添加物、香精調製而成，許多單位開會，就準備杯水、瓶裝或鋁箔裝飲料……大家都在講環保，卻一直用不環保、不健康的東西在殘害健康、殘害地球。

　　有人勸我，袋茶既方便又經濟，何必多此一舉？但是，袋茶濾紙都是用處女漿製造，會砍掉很多樹，對環保會造成負面影響；又有人說，市面上有許多可隨身攜帶的茶壺，尤其是小朋友水壺，又輕又便宜，但我認為多數廉價水壺安全有問題，品質不佳（參見《自由時報》2008/11/8報導），且無泡茶功能，與「行動拍檔」難以相提並論。

　　雖然研發過程中，遇到很多挫折和失敗，但我個性不服輸，認為構思應是不錯的，既已做了，就要做到底，讓「行動拍檔」不僅是人們將健康、環保帶著走的最佳選擇，也是我們父子聯手成為人生、事業上最佳拍檔的象徵。

【歷代行動拍檔・革新進行曲】

> 第一代行動拍檔繼承了飄逸杯的概念，茶葉與茶水分離，上下均設有杯蓋，上杯放置茶葉，並將拉式出水元件設於中央，輕輕一拉，水即流入下杯，將杯身反過來，打開杯蓋即可飲用，卻突破不了讓茶水順利由上杯流向下杯的挑戰。

　　1996年第一代行動拍檔誕生。

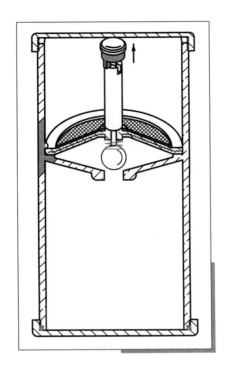

● 1996申請專利145493號，出
水時往上拉、可旋轉定位。

　　最初，行動拍檔被傳統觀念束縛，將泡茶功能與飲用分開（延續飄逸杯的概念），杯具兩頭都有蓋子可以打開，中間設置濾網，先將茶葉置入上方，沖入滾水，茶泡好時，將安裝於杯具中央的拉式元件輕輕一拉，就可以打開杯具中間的閥門，讓泡好的茶水流入下方，然後把杯具翻過來，上下倒置，打開下方杯蓋，即可飲用。

　　產品設計出來後，在十幾個國家申請專利，專利費用高達百萬元，開發模具又花了數百萬元，卻遇到無法突破的難題——濾網上的茶水無法順利流到下方。

　　一再試驗，發現可能是網目太細（用80目），若水慢慢一直線倒下去，就能穿過濾網流下去，但若倒水量大、速度快，整個濾網就會被水包覆住，產生極大的表面張力，導致茶水完全無法通過濾網，滯

留於上方，且出水時拉開閥門，手易燙到。

（我這樣說可能很少人能體會、必須現場實驗，親眼目睹才會了解。）

> 第二代在濾網加設對流孔釋壓，水終於能通過過濾網，卻不很順利，也出現兩邊杯蓋打不開的窘況。

2001年，再提出新的設計（行動拍檔第二代）。

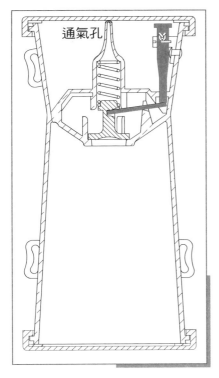

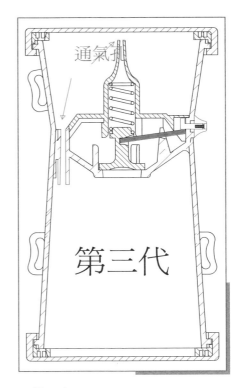

• 專利201133號　壓式出水。　　　　　• 第三代。

同樣申請十幾個國家的專利，包括台灣、日本、大陸、美國……等等。

這回在濾網上增設對流孔（又花了大筆模具費）上下倒過來時，茶水總算能通過濾網往下流，卻又發現新的問題——泡茶時是以滾水沖入，待水溫下降，想喝茶時，才發現兩邊的杯蓋都打不開。

於是，增加了釋壓設計，花錢重開模具，終於解決杯蓋打不開的問題。

第三代，將出水控制元件移到杯外，又增一通氣孔，較前代從杯中拉升或壓式更衛生、安全、不燙手。

當時，我認為已經可以正式商品化，上市後，因為產品新穎，銷得不錯。

若是一般人可能會因為有賣點，就趕緊搶時機先大撈一票再說。

但是，此期間，我自己每天使用，發覺並不好用——得連續沖泡三次，茶水才能累積到滿杯的份量，接著，再將上方杯蓋蓋緊，翻轉過來，

• 專利225551。

打開下方杯蓋，才能喝到茶水，覺得既麻煩又費時，而且喝茶時，因杯口大，茶水常會溢滿地。

所以，即使銷售不錯，我仍決定停產。

> 第四代行動拍檔改為瓶子造型。跳脫地域性的舊思維限制，再度改良傳統泡茶方法。

2003年10月，家父往生，我和兒子輪流守靈，這期間比較有時間和兒子聊天。

「茶一定要像現在這樣泡嗎？茶泡好後，就要倒出來，茶葉不能浸泡嗎？」有一晚，兒子問我。

「不見得，就我所知，只有台灣及大陸部分地區有功夫茶泡法。」我搖頭說。

還記得許多年前，我第一次受邀到大陸參展時，曾眼見男男女女出門時，常都會隨身攜帶著像味全花瓜般的加蓋玻璃瓶，茶葉和茶就一起浸泡在裡面，攜帶外出；事實上，大陸多數地方也都是把茶葉放進蓋碗，以滾水沖泡，而這些年來，我常在世界各地跑，發現多數國家也差不多都是如此，並沒有刻意將茶葉和茶分開，而是讓茶葉浸泡著，甚或將茶葉放入壺中直接烹煮（只是控制茶葉量多少而已），例如台灣早期，大部份人家喝的茶都是如此。

雖然兒子曾擔心，台灣人會不習慣浸泡著茶葉的方式，但我認為一定有市場。

與兒子討論了一整晚，並從保特瓶得到新的靈感，再度著手改良，跳脫地域性的老舊思維。

行動拍檔第四代於2003年再提出新的設計。

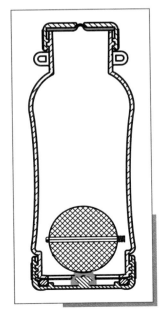

• 第四代。

　　這回，捨棄了傳統上茶葉不可浸泡的迷思，在功能上，也不再刻意以上方為壺、下方為杯，瓶子上下兩頭均有瓶蓋，將活動式濾網置於下方，放入茶葉後，旋緊瓶蓋，將瓶子翻過來，從另一頭沖入滾水。

　　剛開始，曾因沖入滾水後，瓶內溫度快速上升、形成壓力，瓶蓋會被吸住打不開，之後在杯蓋內置入有透氣孔的矽膠，杯蓋就不會再被吸住，卻又發現當氣孔凸點向上，有時會因壓力過大衝開洩壓閥，導致熱水往外衝；之後經一再研究改良，將透氣孔凸點向下，問題才迎刃而解。

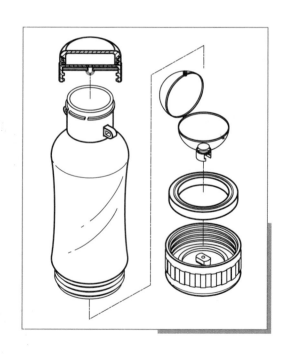

　　在濾網方面，原先是將球型濾網卡在底蓋處，之後又改良為直式濾網，置入瓶內後，可以直接套在瓶口，與杯蓋一起旋緊，在使用上更為簡便。

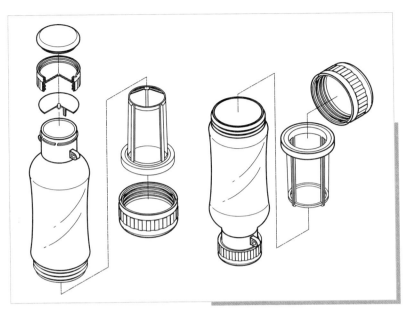

● 專利I 242428。

2006年，第四代「行動拍檔」再度上市。

當時，茶業界都說沈順從這次會死得很慘、產品一定賣不出去。

因為台灣人普遍的想法，茶葉是不能浸泡的，傳統上認為茶葉浸泡後，茶水會苦、會澀。其實，多次實驗後，我發現若茶葉適量（比一般用量少），即使浸泡著，茶依舊好喝，還能節省茶葉量。

我提出的新式泡茶法，第一次在台北小巨蛋參加茶展時，造成轟動，業績直線上升，也帶動一股新的潮流，新式泡茶法受到年輕人歡迎，成為時尚。

而且，我運氣不錯，研發成功要上市銷售之際，電視恰好出現冷泡茶的新聞，不少媒體都在大力推廣，我將冷泡茶的概念與行動拍檔結合作為新訴求，試著推廣，沒想到很快就獲得廣大迴響。

【貼心設計】小創意、大用途

為讓開車族及騎腳踏車更安全、更方便，特別設計了吸管式、可一手操作的行動拍檔。

一般運動時，飲水瓶附揹帶是相當不錯的設計，但是做較吃力的工作時，若用揹帶容易鉤到——例如我種很多樹（二葉松、五葉松、油杉、樹葡萄、咖啡、茶……等等），有一次修剪松樹時，爬到樹上，下來時就被鉤到了，整個人被吊在樹上，還好離地不高，否則真有危險，因此又設計了一個掛在皮帶上的掛鉤。

● 揹帶。

● ㄇ型鈎掛在皮帶上，出外十分方便。

行動拍檔得獎記錄

行動拍檔榮獲素有設計界奧斯卡之稱的德國iF設計獎、及德國紅點設計獎之金獎（red dot: best of the best），是世界公認之設計界最高榮譽。

2005年台灣設計優良產品

2007台北國際發明展金牌獎

2007德國iF設計大獎

2008台灣精品獎

2008德國紅點設計大獎－金獎（red dot:best of the best）

2009日本專業禮品展最佳健康環保產品

2010台灣文創精品獎

2010台灣金點設計獎

2012台灣一鄉鎮一特色OTOP特色產品

行動拍檔的特點

一、是杯也是壺，冷熱兩用、攜帶式沖泡過濾茶具。

二、在辦公室、學校、旅遊、開車、騎腳踏車均適用的個人最佳隨身杯。

三、內有過濾網、可沖泡咖啡、茶、中藥、花茶、水果茶等。

四、專利洩壓瓶蓋設計以防止沖泡熱水時氣爆。

※行動拍檔的銷售口號「健康帶著走」，是希望能呼籲大眾：

　　一般人平常水喝得太少，多是渴了再喝，這是不好的，這種喝法難以補充足量的水份，若一次喝太多，身體也無法消化、吸收，出外時，應攜帶水壺、杯、隨時補充水份，才有益健康。

1. 將底蓋打開，放置各式茶葉、研磨咖啡或茶包於濾網內並將底蓋適度旋緊。

2. 將上蓋打開，沖入沸開水；亦可沖入冷水或冰水沖泡。（冷泡法）

3. 按壓開啟，即可吸飲。

3. 打開上蓋，即可飲用。

置於自行車水壺架上

置於外出背包

置於車上置杯架

行動拍檔命名緣起

很多人都在問，為什會取名為「行動拍檔」？

這牽涉到一個有趣的小小因緣。因為爸爸在慈濟被冠上「行動組」封號——意思是積極、效率高、行動力強，而這項產品恰是外出行動時，攜帶飲水最佳的利器，我靈機一動，就提議命名為「行動拍檔」。（Travolse Buddy）

「行動拍檔」受消費者歡迎，市面上陸續出現仿冒品，品質良莠不齊，有些質材看似相同，實際上可能含有毒性，爸爸總是說，把品質做好才是最重要的，聰明的消費者會選擇對身體無害的產品。

6. 一條寂寞、艱辛而充實的路

任何行業，只要牽涉到新產品的研發設計，都是非常耗時、燒錢的。

例如一款新藥的出現，從研發、動物試驗、人體試驗、申請專利到上市，可能歷經十幾年時間，耗費幾十億美金，都還不一定成功。

生活產品的研發，雖然不像藥物研發那麼高端，卻仍是極為艱辛、漫長的考驗。

我沒有金援後盾，剛開始研發產品時，除了靠工廠微薄的營收外，幾乎都是借錢來做，隨便開個模具，動輒數十、數百萬元，如果不夠理想，又發現新問題，可能又得開新模具，之前投下去的錢就泡湯了！

很多人看到飄逸杯的成功，第一次到日本參展就得到金牌獎，又看到我為慈濟設計的環保系列產品頗受歡迎，就以為我從模具師傅轉行做研發、設計的過程很順利，其實剛好相反，做研發設計，幾乎任何時候，我都很挫折，也很寂寞。更尷尬的是，還要有自找麻煩的胸襟，不斷突破困境、研發、設計、修改，才能獲得消費者青睞。

現在做研發的，多是團隊合作，遇到問題和困難，可以相互討論、尋求支援，但多年來，我卻一直是孤軍奮鬥，遇到瓶頸，無人可以討論，只能自己設法解決。

家人、朋友們只看到我整天埋首苦幹，有時候為了一個小問題，就接連多日熬夜苦戰，卻根本不知道我在做什麼？順利嗎？是否遇到什麼瓶頸或困難？技術性的問題，他們無法提供任何意見，說了，也沒用。

加入發明協會後，我雖然認識一些發明界的前輩、同好，但每個

人專精的領域、研發的產品不同，技術層面能交流的有限，又因會牽涉到專利權、著作權的問題，為了保護個人的創意和智慧財產權，彼此之間難免有些許顧慮，通常也不太能完全敞開胸懷，透露個人產品的研發細節，所以甚少能相互請益，遑論積極討論。

而我，因為書讀得少，甭說欠缺專業學理基礎，連基本的國中物理、化學都完全不懂，凡事只能靠摸索、推想，一次次地嘗試，一次次地修正、改良，幾乎研發每樣產品，都要花比別人更多的精神、力氣和時間，有時候甚至迂迴繞路，浪費許多力氣。

聽說有人曾訪問過愛迪生：「你一生發明那麼多東西，幾乎除了短暫睡眠外，從早到晚都埋頭工作，甚至常忙到忘記吃飯，不累嗎？」愛迪生喝口水，望著對方說：「我從來沒有工作過一天呀！我只是對萬事萬物充滿好奇，太專注於手頭上的事，想把問題搞懂，找出解決辦法，但解決一個問題後，往往又會發現一個新問題。」據說，當初愛迪生為了發明電燈，曾經實驗失敗了一萬多次才終於成功。

專利與發明，並非無中生

研發之路，雖然極為辛苦、寂寞，我卻樂此不疲。

早期研發產品，百分之百是為了生計、改善現實生活，後來的設計，愈來愈重視環保問題，希望產品能被重覆使用、回收再生，對社會盡一己之力、如飄逸杯、飄逸壺、行動拍檔、慈濟環保系列產品等等。

很多專利與發明，並非無中生有，而是站在舊有的、傳統的基礎上，研究改進，讓產品幫助生活更便利，我常形容自己是「神經組」

（腦袋有問題的），完全不懂學術原理，每樣產品的開發，都是土法煉鋼，一試再試。

而設計、畫好的圖，每回都會一再重複細看，許多時候，看似不重要的小問題，或沒發現的某些小細節，開模後，做出來才知道不行，可能幾百萬元就報銷了，所以必須非常專注、用心，絲毫不可馬虎。

猶如學太極拳，重心著力於單腳上，稍有分心，整個人就失衡了，每一步都須歸零從頭開始，我將太極拳的理念用在生活與工作上，每個下沈、揚步，緩慢而穩定，配合呼吸，既是養生，同時也訓練自己的專注能力，每回看圖，都將自己歸零，從頭細察（如果只是隨意瀏覽，什麼也看不出來），圖要送出去前，都重新計算所有的尺寸，並思考開模後組裝的方便性。（當然現在有許多3D繪圖、模擬實境的電腦軟體可減少失誤）

如果一時不察，開模、試作出樣品後，才發現新問題，又得修模或再開新的模具。

例如當初設計行動拍檔時（吸管式），瓶蓋打開，熱水會從吸管衝出來，也發生過把瓶身放倒時，水就漏出來，或吸管吸不到水的現象，花了很多時間，都找不到問題出在哪兒？之後，是改變通氣孔的方向、將吸管剪短些，問題才迎刃而解——這些問題雖小，但沒解決就是不行，而幾乎每個小問題，都是經過反覆實驗、嘗試，才找到修正的方法。

又例如，看似平凡的一個瓶蓋，很可能就要重複開七、八次模子，才試出較滿意的成果，目前上市的「吸式行動拍檔」瓶蓋一按下去，就會自動彈開來，當初為了要讓彈開的角度合於人體工學，不會

干擾飲用，我和兒子真是傷透腦筋。

隨時歸零，用心琢磨

外面很多人都誤以為那瓶蓋是加設了彈簧，但裝彈簧雖然很省事，用久了，卻易藏污納垢，留下黑黃的茶漬——所以事實上，我們利用矽膠吸管本身的彈性，將瓶蓋彈到最佳角度，因消費者每天可能使用多次，那需得要質材夠好，才做得到，也因此，相較於使用彈簧的做法，成本相對提高許多。

外行人可能很難想像，要研發一個新產品，得耗費多大的精力、金錢和時間。

看似簡單的一個過濾網就得開4、5個模具，而且，不是給廠商設計圖而已，必須教廠商如何開模做出來；又例如行動拍檔的瓶蓋，就得開十個模具，才能做出各部份零件，另外還有吸管、矽膠等等，也都需要開模子，此外，瓶身以射出成型加吹成型模（一般稱為射吹模、新的技術）方式射出成型後，必須特別設計新的切割機械，單是設計切割機就製造了五台機械後才成功，光這個產品研發費就花了一千多萬元。

產品設計過程中，雖然我們一再試用過，但試用和每天使用，差距是很大的，就像演習和作戰絕對不同，演習時彷彿人人萬分神勇，一上戰場，卻可能才聽到炮聲就腿軟了！

每回開發新產品，總得在產品正式上市後，自己每天使用，並收集消費者意見，往往才又發現其他問題，例如吸式行動拍檔上市、賣出不少後，有一回，妻舅使用時，嘴唇被瓶蓋割到，我們才警覺到瓶蓋邊緣可能過於鋒利，儘速改良，務必讓瓶蓋彈開時，彈到對的角

度，而且蓋緣得修到圓潤完全不割嘴才行，這一改良，又是大量時間、精力，金錢的投入。

　　不過，也因為這樣殫精竭慮、精益求精，讓開發出來的產品，愈做愈好，獲得使用者信賴，口碑相傳，在市場上歷久不衰。

7. 品質是最好的行銷

我平常喜歡聊天、開玩笑，很多人都說，沈仔做人幽默風趣，很好相處，又很好溝通。

做人可以輕鬆妥協，但做事卻一板一眼，尤其對於產品品質的要求，從來不肯打折扣，在別人眼裡，甚至到了吹毛求疵的地步，但我寧願承認「龜毛」，也絕不在品質上敷衍了事。

許多人或許覺得我太不懂得靈活應變，偶爾放寬標準，能交差就行了，何必太過堅持？但這類似是而非的歪理，或許能一時取巧得利，卻容易打壞信譽，得不償失；事實證明，堅持品質，才是企業長久經營之道。

過去當師傅時，我無論在哪裡工作，都非常認真負責，工作品質佳，就算跳槽離開後，原有工廠的老闆，依舊對我留下好印象。因此當我創業之初，他們很放心將訂單轉包給我，所以單是代工生意就做不完；而只要和我合作過的廠商和業務員，都對我交出去的產品品質放心，願意繼續將訂單交給我。

曾經，我為一家美國公司製作手搖果汁機裡的濾網，每週固定出一貨櫃。有一回颱風，我工廠淹水，工廠裡部份濾網泡了水，雖然搶救後，看起來應該沒問題，但我仍擔心品質不佳，不敢出貨，決定等水退、復電後，重新製造一批，貿易商十分不悅說：「美國人哪裡管你什麼颱風，說好什麼時給，就該什麼時候給……」但不管對方怎麼罵，我就是堅持到底，雖然延遲了交貨日期，但當美國廠商派人來看現場，充份瞭解後，反而要求貿易商要幫我的工廠投保──此話意味著之後產品一定要給我這家工廠做。

不過，當時貿易商說的話，給我很大的啟示。無論做什麼事，都

不要找理由，既然答應承接了，有問題就要自己解決，就算師傅肚子痛、機械出問題、遇到天災人禍，依舊該如期交出最好的品質。

秉持著這樣的信念作生意，剛開始或許會辛苦些，卻才是事業長治久安的基石。

台灣商界常有人說，台灣無三年好光景，再好的產品，也很難連續暢銷三年以上，總是很快就會被其他新上市的產品或仿冒品取代，從市場上銷聲匿跡。但飄逸杯卻一賣三十幾年，依舊銷路不減。

因此，我最常被問到：「沈仔，你是怎麼做到的？一定有啥米撇步齁？也不肯教一下！」

我總是笑笑說：「哪有啥咪撇步？顧好品質而已，還有人要買，我就繼續賣呀！」

這不是推托之辭，而是真的。

無論做人或作生意，我都不愛講複雜的大道理，只要產品好用、簡單、方便、品質好、價格合理，符合消費者需求，就不必擔心沒有生意。過去的人愛喝茶、現在的人為了健康更愛喝茶，我相信，未來的人也一樣愛喝茶。

雖然，任何走在前面、引領風潮的開拓者，難免遇到比較多的困難和挑戰。

尤其民國70年代台灣社會盛行泡功夫茶，所以飄逸杯上市初期的推廣，非常辛苦，花了很大的力氣，才慢慢增進人們對於新觀念、新產品的接受度。而唯一的籌碼，就是經得起長期考驗的好品質。

不放過任何小細節

我做任何設計、研發，幾乎隨時隨刻都在不斷檢視、修正，一直做到滿意為止。

有些零件經過十幾次、花了數年功夫改良，才做最後定案，而有些零件或設計，因為現有的一般技術還無法做到，市面上，也沒有現成的機器可用，只好設計新的機器，來達到品質要求，例如行動拍檔瓶身射吹成型後，必須切除多餘的殘料，市面上根本找不到現成可用的機器，我就量身打造，設計專用的切割機器。

在嚴格的品管下，我的產品不良率極低，只要在正常使用的情況下，很少發生故障，消費者滿意，客訴甚少。

在市場上，任何受到歡迎的產品，很快就會被仿冒，我的產品也不例外，尤其在中國大陸，粗估仿冒品數量恐怕是真品銷量的數萬倍，但只要使用過真品，馬上就能明顯分出高下，尤其在一些貼心的小細節上，看起來沒什麼，卻都是長期用心堅持品質的結果。

而最重要的是安全性。

有些仿冒品，表面看來雖似相同，例如也採用PC材質（PC有分工業用及食品用，仿冒者不可能用昂貴的食品級PC來製造），卻可能是以醫療廢棄用品、或含有劇毒的CD片回收再利用（2008/11/8《自由時報》指出：中國很多PC都是CD回收品，所製的隨身杯遇熱就變形，保特瓶放在車內也會變形、釋出毒素），對人體危害極大。

一分錢一分貨，試想，仿冒品以低價競爭，會採用高成本的質材嗎？有無塑化劑檢驗合格？耐熱幾度？相信消費者是聰明的。

目前大陸飄逸杯、行動拍檔模仿品極多（幾乎99.9%都是仿冒的），每年正牌貨還是銷出百萬支左右，我常開玩笑說，如果大陸賣的飄逸杯是正牌貨，那我早就大發了，搞不好成為茶具業界的「郭台銘」。據瞭解，大陸商店在販賣商品時，都會挑明著說：「這是台灣的、這是國內的（大陸產）。」即使契約店也偶賣假貨，仿冒品抓不勝抓。目前，天仁茗茶在大陸的關係企業「天福茗茶」（近1400家店

均有販售），應是對消費者較有保障的選購點。

• 天福茗茶所賣吸管組外加旗袍系列　　• 天福茗茶旗袍系列PC-301-370cc。
　保溫套；PC-303-370cc。

• 天福茗茶PC-503吸管-580cc。　　　• 天仁茗茶PC-501-580cc。

國際檢驗合格，未檢出塑化劑、雙酚A

我們的產品，行銷全球（中、日、德、美、澳、紐、英、法、新、泰、馬、印、韓、俄羅斯……），台灣銷量約僅佔全球銷量十分之一，長久以來，產品均通過世界各國衛生機構檢驗合格。

有些人擔心PC產品內含俗稱環境荷爾蒙的雙酚A，事實上，PC有很多種，我們所採用的PC，**經SGS檢驗都未檢出雙酚A**。2011年7月，台灣、大陸一度出現塑化劑風暴，而我們早已長期關注，並持續進行**塑化劑檢驗亦為未檢出**，雖然國際機構檢驗費用高，例如在日本，相關檢驗動輒花費數十萬元，但為了消費者安全，一定要做到國際安全標準檢測。（**飄逸產品都以日規及歐規、美規為檢驗標準，因長期銷歐，塑化劑風暴前數年，我們就通過歐洲檢驗合格**）

又例如，近幾年來，台灣才開始要求業者於塑膠製品上標示質材與耐熱溫度，但我們從一開始，就會在每件產品、及產品每個零件上清楚標示，並打上LOGO以示負責（很多廠商都只在包裝上標示而已）。此外，我公司也申請HACCP、ISO 22000、ISO9001。

對產品品質的堅持與信心，不能靠嘴皮子吹噓，裝裝樣子遲早會被識破，我公司的所有產品，從飄逸杯、行動拍檔，到自產的茶葉、茶糖、咖啡，我們全家人每天都在用，不會拿自己的生命開玩笑，我出門一定帶著行動拍檔、自備茶水，既衛生又環保；我也要求員工及代理商要身體力行，唯有每天使用，才會知道東西好在哪裡？或有哪裡需要改進？當消費者客訴時，也才能瞭解消費者的感受。

出國時，我常會在機場免稅店逛逛，發現許多商店販售我的產品，就會和店員多聊聊，理解市場和消費者反應。有一回，我和妻子到東南亞洽公、旅遊，在飛機上，我請空中小姐為我的行動拍檔加滿

開水，空中小姐驚喜地說：「你也有這個產品？上次泰國白龍王也是在飛機上帶著同樣的瓶子要我幫他加滿開水……哪兒能買得到？」當時我根本不知道誰是白龍王？後來才知道港台演藝圈有眾多藝人篤信白龍王。還有一回去北海道，我在偏遠鄉間賣茶的傳統小店，竟然也發現架上展售著飄逸杯系列產品，產品受到肯定、被消費者喜愛，比賺到錢更開心。

假的真不了，真的假不了，飄逸杯能在市場上歷久彌新、戰勝仿冒、長期受到歡迎，答案就只是這麼簡單──品質會說話，口碑會流傳。

而常存感恩心則是行銷最好的後盾，哪怕是只買一個飄逸產品的客戶，我都很感恩，以感恩心提供最佳品質，報答消費者的信賴與愛戴。

8. 逆轉勝的行銷手法

前陣子聽朋友談起，有不少人常在私下議論紛紛，說台灣南投有一家奇怪的公司，一組泡茶杯具賣了三、四十年還在賣，而且一直只賣相同概念的系列產品；現代媒體發達，多數商品是以廣告打開知名度、刺激銷售量，但不曾看過這家公司打廣告，名聲卻愈來愈響亮，產品行銷全球數十個國家，而文創產品最講究設計創意和格調美感，這家公司的產品包裝卻毫無設計感，任何人看了，都嫌俗氣。

但是，我們這家奇怪的公司，每次參展，攤位前常是參觀者最多、產品賣最好的。

也因此這些年來，常有人請我去演講，談行銷。

行銷是什麼？專家學者提出各種了不起的學理、見解，坊間行銷書籍汗牛充棟，我的看法卻很直接、簡單，行銷，就是產品好、好在哪裡？要讓外界知道。

無論產品多好，放在家裡，永遠乏人問津，必須讓產品走出去，讓消費者看見、知道你的產品有多好、好到讓消費者覺得非買不可。

一般提到商品行銷，免不了要打廣告，但廣告費太貴了，我負擔不起，而且各類媒體上每天的廣告量那麼多，得砸多少錢才能讓自家廣告被消費者注意到？我實在捨不得讓錢打水漂。

與隨同流俗、人云亦云，不如逆向思考，出奇制勝。早在開始種茶時，我其實就已經同步思考茶葉和飄逸杯的行銷途徑，並一步步付諸實行。

一兼二顧的祕訣

舉個例來說吧！

　　昔日，為了學習製茶，我曾請茶商朋友介紹我去他收購茶葉的茶農處請益——當時我心中有兩個想法：

1　茶商朋友既是向這位茶農購買茶葉，我若學會了相同的製茶法，將來產製的茶葉，應該能符合他的需求；

2　高、低海拔採收、製茶時間不同，從時間上推算，該茶農及製茶師傅當季忙完後，就沒工作了，而位於霧社的飄逸茶園卻恰好進入採收、製茶的最佳時機，正好請他們來為我製茶，那麼製作出來的茶葉品質，一定也能符合相同的茶商所需。

　　如此一兼二顧，從茶園開始收成那年起，我的茶葉就不愁銷路。

　　這是產品面的（即使現代行銷理念早已提棄產品導向，而以行銷導向為重，我仍堅持產品品質優越，才是長期致勝的不二法門），但只論產品品質優越還不夠，很重要的是，產品得讓消費者「看得見」。

　　任何新產品要打開知名度都不容易，尤其是挑戰傳統泡茶觀念的飄逸杯上市之初，正是功夫茶文化風行之際，推廣難上加難。

　　因此我就與茶農商量，將其姓名、地址印在飄逸杯上，送給買茶葉的客人。一般人泡茶都會跟親朋好友分享，用飄逸杯泡的茶、比用其他茶具泡出來的好喝、方便、快速，（在場的客人注意飄逸杯時，也同時注意到印在飄逸杯上的茶農商標、名字、電話、地址等，間接使茶農的生意更好）一時間，阿里山附近到處可以看到飄逸杯，很快就有批發商找來，希望代理經銷，那年我在阿里山就賣出很多飄逸杯。

　　很多人提到行銷、廣告，都強調美感、創意，但我更注重功能性，堅信能達到宣傳效果的，才是好廣告。

　　雖然我不懂行銷專業，也沒錢請大師設計，卻可以從別人的設計

和創意中學習、激發靈感,翻閱雜誌時,都會先看廣告頁,別人從廣告裡看到的,可能只是商品,但我看到的卻是那則廣告是否達到宣傳目的?

例如上述曾提及的,我們的產品包裝,尤其是飄逸提袋在設計界幾乎是人見人嫌,屢被嘲笑太粗俗,毫無設計感,常有朋友勸我:「你的產品賣到全世界,包裝和提袋應該更要講求格調和質感。」感謝朋友的好意,但隨人去笑吧!我仍堅持初衷,同樣的提袋,一用就是數十年,並非我捨不得花錢請人重新設計,事實上,那被嘲笑為毫無設計感的提袋,在任何展覽場合上,總是發揮最大的廣告效益呢!

鮮黃搭配鮮綠的主色調,雖然常讓強調設計感的專家不以為然,卻十分顯眼,在展覽會場上,每每放眼望去,看到的都是飄逸杯、行動拍檔的提袋,吸睛效果第一;有一年我們在美國參展,甚至獲得廣告金牌獎,得獎重點正是因為是曝光率最高。

簡單布局,掌握機會

有句話說:「人潮就是錢潮。」當年銷售管道有限,而展覽會聚集大量人潮,有人潮就可以推銷、作生意,因此只要聽說哪裡有展覽,我就勤於參加,且常反其道而行,隨機應變,例如在茶

● 飄逸提袋。

葉展裡,當大家都以茶葉為主要推廣項目時,我反而介紹飄逸杯,在茶具展時,人人以賣茶壺、茶具為重,我的攤位卻主推茶葉;我甚至

連服裝展、內衣、婚紗展都去設攤，常在展場裡一枝獨秀，每當展場生意不好時，我反而更忙，發現賣服裝、內衣的攤位門可羅雀，我就泡茶一攤攤地去請大家喝，常也能賣出不少茶葉和飄逸杯。

不要放過任何一個潛在客戶，但要集中火力，不要散槍打鳥。

早期，在國際大型展覽中，參展者多是貿易商，他們的攤位，常如雜貨店般，同時擺出許多產品，龐雜而無重點，反易讓參觀者眼花撩亂，不知看哪一樣產品好，結果每樣都印象不深；我每回參展，攤位佈署都很簡單，且集中展示飄逸杯和行動拍檔，很多人常就半開玩笑地挖苦：「沈仔，怎麼每次展覽就是這兩樣？」我笑一笑，雜而失當，不如少而有用，每次展覽中，幾乎都是我們的攤位前參觀者最多。

當然，展覽不一定能立刻見到效果，例如，當初我雖在日本得獎，但日本市場一直沒有賣得很好，反倒是在韓國賣得不錯；如果在展覽中沒賣好，也不要灰心，重要的是，要讓人知道產品的好，不要近視短利，只看一時收穫。

這些年來，銷售管道和展覽愈來愈多，給民間業者許多專業指導及補助的機會。

我們也曾試圖提出過許多種申請，卻從未獲通過審核。那些申請文件，要求項目複雜難懂，我們根本寫不來，曾經花了三萬元請人代寫申請書，依舊沒有通過，有人提醒我，是所托非人，只要請×××寫就一定會過，真相是否如此？不得而知。

有一年，政府欲補助業者參加世界三大設計獎（德國紅點及iF、日本的G-MARK），我們都沒通過審核，乾脆自己上網申請參賽，發現只要依著要求逐項填寫資料，每單項限制在一定的字數內，只要填寫出重點即可（相較之下，台灣政府單位的申請文件卻繁複許多），

沒想到竟榮獲最高榮譽的金獎（red dot: best of the best）。

近年來政府補助的展覽，尤以文創和健康醫療、環保、銀髮族、旅遊觀光、騎腳踏車、登山領域為最，不管什麼單位舉辦，都儘量參展、參賽，常與業界交流，得獎多，也較易獲得補助；而隨著網路發達，各類國際性大展資訊也易取得，只有要機會，就不輕易放過。

總之，行銷事在人為，要勇於嘗試，儘量走出去，走得出去，就有機會。

參展除了推廣產品外，另一個重要的收獲是，站在第一線瞭解消費者反應。

人很容易只從自己的角度看事情，自己使用上沒遇到問題，就認定品質沒問題，這樣太主觀了，事實上，同樣的產品，每個人因使用習慣不同，可能會發生不同的狀況，感受也不同。

想具體瞭解，用嘴巴教，不如讓同仁親身經歷。

因此，只要有展覽，我都會儘量派同仁參加。站在第一線，直接面對消費者的詢問、抱怨、聽取意見，才會真正瞭解消費者的需求、感受，發現不同消費者在使用產品時遇到的諸多狀況，日後，回到生產線組裝產品時，就會注意細節，小心避免可能忽略的問題。

有趣的是，原本我對品質的要求已經相當嚴格，同仁們參展回來後，會主動加強品質控管，當合作廠商交來各樣組件時，同仁對細節的挑剔，近乎吹毛求疵，有時我反倒要視情況請他們讓步。

有如此嚴格的品管，產品不良率極低，只要在正常使用的情況下，很少發生故障，因為消費者用得順手，當然就少有客訴，哪裡還需要特設客訴部門？

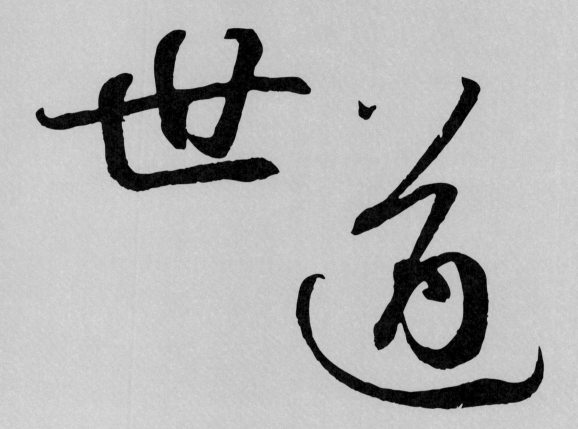

第三篇

世道

慈善、公益、環保、健康是我後半生的使命。

對生命中各階段的貴人，感恩之心，永遠還不完，
對無以回報的恩人，就用另一種形式回報天地，
盡己之力，幫助社會上需要幫助的人。

1. 為善想到就做，手腳要快

「助人的事不能等，想到，就要馬上做。」知名命理大師李連丁曾經這樣對我說。

那一回（1977）材料商來找我，介紹我和李先生認識，談完正事後，他們起身告辭，說要趕去中和市圓通路上的一家孤兒院送米，我覺得很感動，也捐出一點錢贊助。

幼時，我曾受人救濟，總希望有朝一日，也能幫助貧困的人，但感恩放在心裡，遲遲未付諸行動，李先生的話，猶如醍醐灌頂，在他離去後，仍一直在我腦海盤旋。

是該馬上起而行了！但世上需要幫助的人這麼多，需要捐款的慈善團體數不清，該捐錢給誰？或是哪個單位？才能幫到真正需要幫助的人？當時，事業剛起步，工廠營運還算順利，但錢財有限，只能在能力範圍內捐款。

我憶起童年往事。我有7位姑姑，小姑丈英年早逝，小姑姑獨力撫養6個兒女，生活艱困，曾得到家扶中心幫助（家庭扶助基金會），因此就與妻子商量，她十分贊同。打電話去瞭解後，知道認養一個孩子每月720元，我算了算能負擔的極限，一口氣認養了十二位。

我向來認為，社會正義，匹夫有責，當週邊還有人在貧困中受苦，行有餘力的人，都應略盡棉薄之力。當時，我並非抱著要做善事的想法，只是感恩曾受人幫助，在經濟許可的情況下，希望略盡棉薄之力，回饋曾經幫助我們的機構。

行善是做人的本份

之後，我偶爾會收到孩子們寄來的自製卡片、或感謝信，卻一直

未曾見面。

有一回，家扶中心在花蓮鯉魚潭舉辦「喜相逢活動」，來函邀請我參加，活動當日，我一抵達現場，在入口處簽到，一位工作人員隨即上前迎接，卻東張西望，疑惑地問我：「沈順從先生呢？他是您的父親嗎？」

「我就是沈順從，為什麼這樣問？」我覺得很奇怪。

她驚訝地瞪大眼睛，笑出來。閒聊後，我才知道，原來，當年認養風氣不盛，資訊不像現在這麼便利，一般多是由幾個學生、或幾個阿兵哥們共同集資認養一位孩童，而我一口氣就認養了12位孩童，讓家扶中心覺得非常特別，以為我一定是個事業成功的慈善老者，才有這麼大的手筆（當年一個資深模具師傅每月薪水才6000元左右，而我每月就捐出8400元，在他們眼裡，十分罕見），未料我竟是年紀未滿三十歲的年輕人，個子又小，穿著簡樸，與她的想像實在差距太遠。

那是一次非常開心的見面會，見到孩子們活潑快樂的身影，深感欣慰。孩子們真誠地向我道謝，還說長大後要報答我，天真童語，令人莞爾，但我說：「你們要報答的人不是我，而是這個世界。因為我有能力好好生活，不需要你們幫助，等你們長大有能力時，應該去幫助其他需要幫助的人，就像接力賽一樣，一棒棒傳下去，讓社會更美好。」

那次活動相當成功，各大媒體爭相報導，第二天報紙刊出來，以斗大的標題寫著：青年企業家認養12個小孩。

許多朋友見到報紙後，一邊調侃我，一邊豎起大姆指恭賀我，讓我挺尷尬的。

我只是一個經營工廠的黑手師傅，被尊為青年企業家，實在不敢當。

搬回埔里之初，因為工廠都讓給別人經營，而茶園還沒有開始收成，我的經濟受困，曾一度暫停認養，之後經濟改善後，捐出20萬成為永久認養人，並為家人植福，各認養兩名兒童。

我向來認為，助人行善是盡本份，做不到時，不勉強，做得到時，絕不慳吝。

人的一生，難免有陷入困境的時候，當需要幫助時，如果沒人伸出援手，拉他一把，他可能永遠也站不起來；而受到幫助、終於站起來的人，有能力時，當然也要伸出援手，去拉陷入困境的人一把。

要謝的人太多了，那就謝天吧

曾經，在我事業困頓，人生跌落谷底之際，妻子又發生車禍，我匆匆趕到，抱起血流如注的她，自己也染得渾身血跡斑斑，狀極狼狽，當時，許多大醫院都拒收，幸虧一位計程車司機見義勇為，載著我們一家又一家醫院地跑，如果那位計程司機怕惹麻煩拒載，後果不堪設想。而在一片忙亂中，終於找到第四家，願意接納我們的新店耕莘醫院時，我急匆匆地抱著妻子下車，衝進急診室，等情況穩定，有時間喘口氣，才想起來，非但未向那位司機道謝，連車錢都忘了付，衝到醫院門外，計程車早就離開了。我站在醫院門口，內心的感動，久久無法平息。

我連要感恩的人是誰都不知道，遑論答謝？那位司機先生的義行，我永遠銘記在心。

在我人生各階段，須感恩的人太多了！

小學五、六年級的班導老師蕭春魁先生曾免費幫我補習，希望我考初中，這個恩情也一直無法回報，因為國小畢業後就為了三餐打拚，等回過神時，人事已非。

　　年幼時，父親因為經濟之困不斷被迫搬家，我小學就轉讀了三所學校，幼弱的心靈總是感到孤寂、受挫，有時候家裡食物不夠，就故意假裝不餓，帶著空便當上學，每到中午，怕被同學發現恥笑，就躲到校園的大樹下（或防空洞）睡覺。有一回，某位同學悄悄跟來，拿出饅頭撕了半顆塞給我，轉頭就跑走，我捏著那半個饅頭，忍著不讓眼淚掉下來，根本吃不下。雖然，我早已想不起來那位同學的長相和姓名（因為自卑不常與同學互動，加上總是相處不久就又搬家了），但那半個饅頭，比給我一千萬還要珍貴。

　　而在父親最窮困潦倒之際，也受過許多人幫忙，例如讓我們全家不至流落街頭、能暫時在雞寮棲身的柱叔公，終其一生，雪中送炭，時常伸出援手，幫助我們度過多次難關；又例如抓到父親砍柴販售、卻放他一馬的那位許刑警，之後還主動為我們申請低收入戶，雖然父親沒有接受政府的房子，但那份心意，年幼的我直到長大成人也沒有忘記。

　　在我創業前，為了提升專業技術，不斷換工作之際，常因手頭拮据，得向妹妹們借錢、甚至連車錢都要伸手，且借而不還，雖是小錢，但感念之心常在；而創業後，因為沒有任何後援，常需要借錢週轉，柱叔公的兒子耀明一直給我最大的支持，親朋好友、岳父也常讓我以支票貼現的方式，協助我順利調度財務，縱然支票貼現，利息照付，但幸虧有他們幫忙，才能度過難關，所以即使還清借債，對那份人情的感恩，卻不曾或忘；又例如昔日老頭家、合作夥伴、廠商、客戶、我工廠裏的同仁等等……若非他們的幫忙，我的工廠怎能營運順利？

　　而我雖有心報恩，能實質回報的，就盡己所能，但是像柱叔公和耀明，他們比我更富有，哪會需要金錢幫助？此外，另有太多的恩

情，是無以回報的，只能用另外一種形式回報給天地。

　　「並非當年幫我一萬元，十年後，我還十萬、百萬元就算還完，感恩的心，永遠還不完。」我常這樣跟孩子們說，希望他們能和我一樣，常懷感恩心，在行有餘力時，盡其所能，幫助社會上其他更多需要幫助的人！

2. 曾誤認慈濟是老鼠會——接觸慈濟的因緣契機

雖艱於承認,但我曾經懷疑——慈濟會不會是老鼠會?

1987年,從台北搬回埔里後,耀明的太太常來拜訪,邀我們加入慈濟功德會。

她說得天花亂墜、眉飛色舞,那是我第一次聽說這個以人間佛法、慈善濟世為本的宗教團體,在心裡嘀咕:「出家師父,應該是好好唸經拜佛,怎麼會要蓋醫院?」還自做聰明,認為那可能是個『老鼠會』,利用民眾的善心,鼓動無知婦女參與,一個拉一個,大量招募,50、100元地加入會員。

禁不起耀明太太一再鼓動,在不堪盛情邀約下,我勉強加入會員,心想:「錢不多,捧個場,就當作贊助老友之妻吧!」有一回,實在被她煩得無奈,應邀參加慈濟茶會,那天,我恰好先去參加一個朋友孩子的婚禮,酒足飯飽,有點醉茫茫地,原以為茶會應是像園遊會那樣吃吃喝喝、隨興閒聊的場合,趕到時,才發現完全不是那麼回事兒,而我,又被安排坐在會場中間的位置,當下心想:「慘了!等一下,怎麼先溜出去啊?」

因為中途離席太過顯眼,會不好意思,只好乖乖坐著聆聽台上師姐的分享。其實,類似的內容,之前也曾聽耀明太太提過多回,且聽聽罷了,不以為意,但當事人的現身說法,真切感人,那一刻,我放下了對於慈濟功德會的成見,回家後馬上把「緣起與展望」、「渡」的錄音聽了好幾回,感動到淚流不止。

此期間,耀明太太力邀我到台北參加台大校園的義賣(1980大陸華中水災義賣、愛心擋嚴冬)那次我帶去第一代飄逸杯及高山茶,全數賣完,不久,耀明的太太又纏著邀我到台中分會參加共修。

坦白說，這回，也是被邀到不耐煩才勉強答應的，誰知參加共修的人，都必須守八戒——不殺生、不喝酒、不偷盜、不賭博……還得穿西裝、打領帶？簡直強人所難，我結婚時穿的西裝早就放到褪色發白，平日穿著向來只求舒適簡單，不愛拘束，但思及既已答應，只好信守承諾。

在這之前，如果跟認識我的人說，沈順從將來會全心投入慈濟工作，並且戒酒、戒檳榔、絕對沒人相信。

從半強迫到全心投入

在台北創業時，為了跑業務，我是每天應酬喝酒，常深夜續攤，喝到天亮，才踩著茫然的腳步，買豆漿提回家當早餐，搬回到埔里後，轉而經營茶園、販售茶葉，家裡也是每天晚上都席開兩桌，附近駐警管區、茶販仔、林管處管理員、山上幫我工作的原住民、村長……各路朋友川流不息，大夥兒常聚在一起飲酒聊天，那日，我提前宣布，幾天後將參加台中慈濟分會共修活動，要從此戒絕此道，大夥兒一聽，瞠目咋舌，直呼不可思議。

滑稽的是，之後幾夜朋友們來訪時，都會攜帶大量檳榔、美酒，說是要讓我過足癮，呵！我偷笑，揣測朋友們私底下或許是想藉此引誘、考驗、摧毀我的決心吧？那幾夜，我在席間酒照喝、檳榔照吃，氣魄豪爽些微不減，但約定日期一到，真就戒了。

赴台中參加共修時，我雖跟著師兄師姐們拜跪頂禮、持頌法華經，心裡卻嘀咕著：「怪了！經典裡都是佛祖開示的語言，由弟子記載下來方便後人閱讀、聞道學習，怎麼反而藉由法會頌經，將佛祖說過的話又唸頌一遍給佛祖聽？豈非多此一舉？佛祖自己說過的話，自己不知道嗎？」（後來我才理解，經典所在處即為有佛，頌經是為回

向給週遭的有情無情眾生，讓眾生放下執著。）

第一次拜經，不知何時該起？何時該跪？只是跟著行禮如儀，一晚下來，腰酸背痛。

人們可能會好奇，既然我毫無「慧根」，又不懂佛法，也非奢望祈福求榮，為什麼還會全心投入慈濟工作？

說來，仍是基於「助人行善是盡本份」的初衷。

我一直有著「受人點滴、湧泉以報」的想法，感恩生命中各階段曾經幫助過我的人。當時，飄逸茶園每年收成漸入佳境，經濟狀況漸漸改善，心裡也萌生了回饋社會、幫助有困難的人的念頭。經過多方瞭解後，我確信慈濟團體是真的在做事，諸多行善助人、濟世扶貧的務實做法，與我的理念頗能契合，

由於經營茶園，每季都得噴農藥，病蟲死傷難計其數，為遵從「不殺生」的戒律，就將飄逸茶園轉托給另一位股東經營，授證為慈濟委員，也開啟了全新的視野，朝向更寬廣的人生道途邁進。

3. 慈濟環保系列產品是怎麼來的？——
研發背後的精采、辛勞與真相

有一天在慈濟花蓮精舍參加志工早會後，突然有一位常住師父跑來找我。

「請問您是沈順從嗎？我找您很久了。」這位德倪師父說，是在我送給精舍每人一支飄逸杯上，看到印有日本發明展金牌獎字樣，覺得我必然有能力勝任，為慈濟設計一套環保餐具。

當時，我才搬回埔里不久，又剛把茶園交給朋友經營，除了慈濟的訪視工作外，還得維持家計，設法開拓剛起步的飄逸杯事業，忙得分身乏術，原想推辭，但她說，之前已找過很多人（德、韓、日、台灣）設計，但上人就是不喜歡，希望我能擔此重任。

「但我不經手錢的事、也不承製我設計的產品、不拿任何酬勞或著作權、專利費，以志工的身份義務協助。」我想了一下，提出這幾項條件後，答應試試看。

完成不可能的任務

1990年代起，慈濟證嚴法師（上人）就大力推廣垃圾減量，提出「你丟我撿」口號，卻發現越撿垃圾越多。上人慈示：「不要等到東西用後丟掉，再來資源回收，何不讓物命一直延續，而不丟掉呢？」慈濟各單位人多、活動多，如果平均每次活動中，有1000人用餐，一餐下來，至少就要用掉1000雙衛生筷，三餐就要三千雙，加上當時被大量使用的保麗龍碗、盤，若平均一個人最少要用2個以上，那麼總共會製造多少垃圾？而且是完全無法回收的。單是想一想，就覺得很恐怖。

我完全同意、支持證嚴上人的理念，就認真投入慈濟環保系列產品的研發。

許多設計可以天馬行空，玩玩創意，但為慈濟設計東西是要能生產才行。

當年慈濟內部研發人才較少，也少有人懂得模具、材料等，我一個人包辦所有研發過程，在十多年間，幫慈濟設計了很多環保系列產品，單是筷子就有七、八種，碗也有很多種、便當盒數款。以前精舍要生產一萬個蠟燭很難，現在用我設計的燭蕊座、和切香機，每年生產幾百萬個蠟燭都不是問題；此外，還有醫院及大愛台使用的保溫餐盒、幼兒專用的餐具組、國外援助的醫藥箱、點燭用的蓮花燈、放蠟燭的耐熱杯……等。

• 幼兒餐盤組。

　　計算一下，從1998～2010年，為慈濟研發環保系列產品，我總共代為設計發包了最少209副模具，若以每副模具平均三個月製作時間來算，約需627個月＝52.25年，在沒有經費、人力支援下，我以一己之力、在十餘年間完成不可能的任務，如今回想起來，連我都不曉得自己是怎麼辦到的。（還有很多僅設計及製作樣品、例如薏豆粉定量罐、拜墊、矽膠折疊杯、碗、烘薏豆粉機的零件……等等。）

【歷代環保筷・革新進行曲】

> 第一代雙節筷，設計以螺牙鎖住子母筷，至今仍銷量不衰。

　　起初，我原以為設計筷子、碗、水杯、餐盒，再簡單不過了，然而，單單是第一代雙節筷，從設計就開始碰到許多難題，連筷子的粗細、長度等基本構造，都被上人糾正過好幾次。

　　上人認為，人要走長遠路，就不能用太短的筷子，也不好夾，長度適當，既有象徵意涵，也是功能上的考量；而且，慈濟人的年齡上至百歲人瑞、下至髫齡小兒，有很多老菩薩和小朋友，所以筷子不能太重。

　　因此，一、要長；二、要輕。

　　材料的選擇，也相當費神。早年，上人反對採用不鏽鋼，認為感覺冷冰冰的，但木製或竹製品，卻會吸水、易附著細菌，除非每次清洗後，都能馬上高溫殺菌烘乾，否則並不衛生，權衡下，選擇塑料，但耐高溫的材料太軟，有些較硬的塑料又不合食品級檢驗。

　　後來，我在日本的一次展覽中，發現了一種硬度夠的醫療級塑料SPS，可耐攝氏150度高溫，耗費兩年時間研發，才終於完成第一代環保筷的設計。

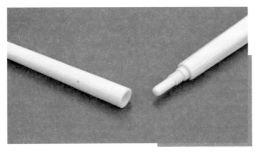

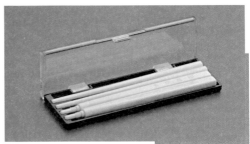

- 第一代SPS螺牙雙節筷、
  專利219491號。

- 第一代SPS螺牙雙節筷收裝整組。

第二代雙節筷，改以卡榫固定子母筷，並有活動式不鏽鋼管保護，改善前代螺牙銜接處未鎖緊時，但若因施力不當，偶會發生斷裂的問題。

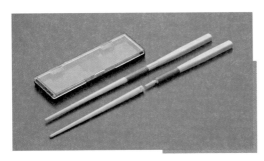

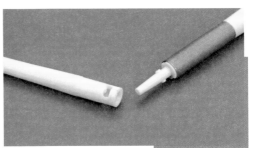

- 第二代卡榫雙節筷、專利207001號。

第三代按壓式伸縮筷，靠重力加速度讓子母筷緊緊套住，在慈濟同系列產品中銷量第一。一般不鏽鋼筷多為細長圓柱體或扁平狀，夾小物易滑溜掉落，而伸縮筷獨創長柱斜面方體，四面平整，可輕易夾起細薄的食物。

2000年，又授命研發不鏽鋼伸縮筷，歷時五年，直到2005年才上市。

過程中，曾一度遇到瓶頸技術上一直無法突破，生產成本會不會很高？擔心未來售價問題，不合經濟效益，我跟上人報告：「師父，一把筷子才多少錢？我們不要再浪費時間與金錢在研發上面了！」

「就是歹做，才會叫你做啊！只要有人用，就達到環保訴求。」上人輕輕一句話，激起我不服輸的熱忱。

買回很多市售不鏽鋼筷，研究後，發現共通點都差不多——例如夾菜處多是圓形的，夾菜時接觸面小又滑溜，而且尾部尖尖的，兩支筷子不管怎麼拿，尾部尖端處都無法碰觸到，因此遇到小而薄的菜，根本夾不起來。另外我發覺這些不鏽鋼筷，可能都非食品級304材質，以其重量及售價判斷，應是200系列，不知錳的含量會否超標，危害健康。

所以新設計的伸縮筷，必須避開上述弱點、以及我先前設計的兩種筷子的缺失，歸納出以下重點：

一、夾菜的地方不要圓形，改為四方或六方形，接觸面較大、好夾；

二、底部夾菜處不要尖的，改為平底，易夾小而薄的菜；

三、正常使用下，不容易斷；

四、容易組裝、收納；

五、好用、好洗；

六、美觀大方，自用、送禮兩相宜，達到上人推廣的用意。

七、材質絕對要用食品級304餐具專用不鏽鋼。

設計重點確認、申請專利、也向上人報告了，上人的嘉勉是：「好好的去研究看看。」要製作這樣一雙人見人愛的好筷子，技術難

度高，成本也高，日後必然反映於高售價，週遭似乎無人看好，更有常住師父直接問我：「以後打算賣多少錢？會有人接受嗎？」

為了完成上人的期許，我不計代價，開始尋找合適的材料，以食品級（304）不鏽鋼為基材（不鏽鋼等級多，有的不能當餐具，市售不鏽鋼餐具很多非食品級，而是200系列含錳超標、會傷神經系統，（參見2013/10/8《自由時報》錳超標對生殖力也有影響），找到一家專門作縮管的工廠，預付五萬元訂金，但半年後，工廠卻只拿得出幾隻黑黑的鋼管，老板仍拍胸脯說沒問題，他們是專家，會再試，試好再通知我。

未料幾個月後，我再打電話去詢問，卻找不到老板（他不敢接電話），無奈之下，只好找以前的同事（也是我公司的協力廠商之一）協助，我自己設計模具，用以前的專業「沖床模」試試看，就這樣一直開模、更改方法，再設計專用機器，過了兩年，才終於做出略微像樣的筷子，但距理想還很遠。

這一晃，已是三年過去，那段時間，我每次見上人時、都不敢提到這雙筷子。

此期間，我仍不放棄，持續到處向人請教，也去找以前做黑手的同事商量良策。某日，遇到一位劉姓同事，討論後，他表示有興趣試看看，決定捨棄傳統方法，花了很多錢，重新再設計新機械，終於在二年後，成功了。

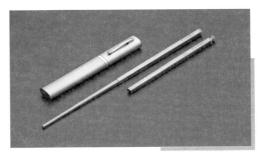

• 第三代304不鏽鋼伸縮筷。
專利I290029號。

讓他一輩子記得您、吃飯時就想到您

伸縮筷無論外觀或功能都相當優越，我還特別為它設計了美觀高尚的鋁合金外盒，靈感來自高級老花眼鏡盒、和秀氣的化妝品包裝，拿出來時，幾乎人見人愛，拿給上人看，上人當然很高興，但周圍的人都面有難色，擔心這麼漂亮的筷子成本一定很高、很難賣出去吧？

當時，我為行銷人員設計了一句口號：**您送筷子，他會一輩子記得您，吃飯時就想到您。**

這句話似乎發揮了效用，伸縮筷一推出，就造成**轟動**，不僅大家喜歡用，很多婚喪喜慶也都希望用來作為贈禮，卻是供不應求。

很長一段時間，伸縮筷嚴重缺貨，預購者得六個月後才拿得到。直至今日，只要有貴賓到精舍，上人都會很得意地送伸縮筷為贈禮（包括總統在內）。

> 第四代將子筷藏於母筷中，使用時，拉出子筷，反方向插入母筷中卡住，既易收納，又易施力，即使攉刺滷蛋、素丸也沒問題。

2007年，我再度改良、研發出一雙新的不鏽鋼雙節筷，使用時，把子筷抽出來，反方向插進母筷內卡住——這種設計，就不會發生子筷縮回去的情形，而且，就算用來刺取素丸、茶葉蛋等食物，也沒問題。

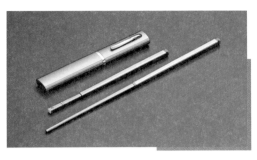

- 第四代倒插不鏽鋼雙節筷、
  專利I342194號。

- 第四代倒插不鏽鋼雙節筷。

2009年，我又設計一組用塑料製成餐具套組，內含雙節筷、叉子、湯匙。

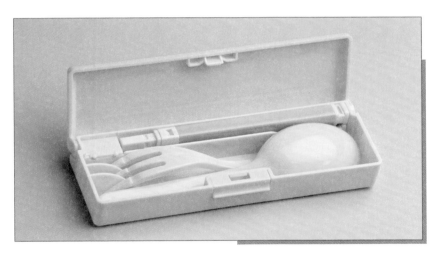

- 未上市。

慈濟環保伸縮筷是讓我深感欣慰的作品，使用者常是愛不釋手，有一回我到日本旅遊，在一家店裡吃拉麵時使用，老板看了十分喜歡，希望我能讓售，後來就用那雙環保筷抵銷吃麵的費用。

外觀看似沒什麼了不起，但做法上，卻是顛覆傳統的，技術難度相當高，不鏽鋼能輕易做出細長圓柱形體的筷身，但要做出細長的四方體、四個斜面都是平的、且具有斜度的筷身卻相當困難，而且子筷與母筷接合時，銜接面的斜度要恰能密合平順，更是高難度的挑戰。

慈濟環保伸縮筷的四方體筷身，造型既美，功能又佳，薄、細、小的食物，一樣好夾，而且筷身上下具有漂亮的斜度，給合時，銜接得十分完美——到目前為止，還沒有任何一家廠商能完全仿冒，或突破我的製造方式。

【其他環保系列產品】

> 慈濟環保碗內特殊設計三個小突點，碗碗相疊時，仍可輕易分開，不會彼此吸黏住。

碗，是一種很簡單的產品。但要如何設計，才有人願意帶、願意用，取代保麗龍碗、盤，達到垃圾減量的目的？

1998年，我授命研發新的環保碗。過程中，單是畫外觀設計圖就耗了半年，才意會到上人喜歡圓滿、和諧的感覺，終於過關。

第一次，設計260cc的碗，被嫌太小，就再設計一個340cc的碗，卻碰到三個問題：

1. **要如何申請專利？**

   碗，從古早以前就有，還能變出什麼不同把戲？這真的是考倒我了，看起來越簡單的東西，想改良革新、增添創意是越困難的。

2. **裝熱湯時，碗底不能燙手**

   慈濟志工用餐時，須端坐以龍口含珠的方式端碗，直到吃飽為止，

即使喝熱湯也一樣，因此碗必須不燙手，而且材質絕對要在世界各國都檢驗合格。

• 平蓋碗

3. **碗相疊時，要能輕易分開、取拿。**

4. 大小完全相同的容器洗後疊在一起時，常會互相黏住，很難分開，因此我在碗的內側設計三個小凸點。一般人只知道，慈濟的碗不會像一般容器疊在一起就很難分開，卻不知道關鍵就在這三個小凸點上。

　　質材方面，過去，一般市面上常見的保麗龍碗遇熱會產生毒素，另外還有美耐皿，安全度也不佳，二者回收都有困難；PP質材則是遇油後，怎麼都洗不乾淨（傳統婚喪喜慶外燴宴客場上，常使用的紅色碗盤餐具，就是PP材質），多方比較後，我決定採用耐高溫、耐摔的PC來設計、製作慈濟環保碗——據2013年2月的自由時報報導，PC是目前世界上最安全的塑料質材。雖然有人質疑PC含雙酚A的成份，但慈濟碗的用料和飄逸杯一樣，都在世界各國檢驗合格（檢驗報告都是『未檢出』）。

　　後來陸續又開發了530cc及800cc的碗，以及可耐高溫250度C的矽膠折疊碗。

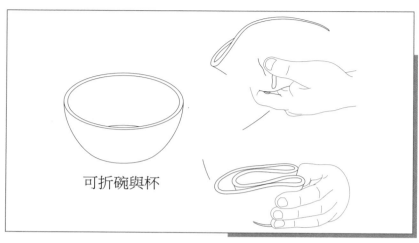

可折碗與杯

● 申請號90110781。

之前雖已提過，但我仍苦口婆心再提醒一次——市面上有很多類似產品，為了降低成本採用回收物料，價格很低，雖然都是PC，但回收物料常含有劇毒，例如CD片及醫療廢棄物，消費者千萬要小心。

慈濟環保碗的造型，象徵圓滿和諧，給人祥和舒適的感覺、這是一般仿冒品所沒有的，而且因底部加了適當厚度，即使裝熱湯也不會燙手，此外，疊在一起後，依舊容易分開拿取。後來，我又把碗蓋設計成可裝菜的盤子，方便外出使用，每一種尺寸的碗都有平蓋及盤蓋、各分為透明及米黃色二款。

● 盤蓋碗。

這些擁有專利的細節和小創意，提升了慈濟環保碗的功能性和價值。

切香枝機＋燭芯固定座，每年生產數百萬環保蠟燭，輕而易舉。

切香枝機械與模具

早年，慈濟人常為了製作環保蠟燭傷透腦筋。

雖以線香取代棉線作為燭芯，既無黑煙、又能完全燃燒，但每枝線香大小粗細略有不同，將線香插入燭芯固定片時，較粗的線香常會受到擠壓而掉落香末，較細的線香，又很易鬆脫，即使以夾子固定在燭芯固定座上，還是無法牢固，當燭蠟點燃、融化後，因燭芯與固定座脫離，線香燭心常會倒下來，無法繼續燃燒，蠟燭就沒用了，既浪費、又不環保，品質相當不穩定。

而且，要把香枝剪成燭芯、插入固定片時，常會剪得長短不一，香枝外層也常因而碎裂、香末脫落，製作上，既耗時費神，速度又慢，幾位常住師父輪流剪，沒多久手就起泡了，怕上人知道，只好常

偷偷利用半夜趕工。

考慮到女眾常住師父對模具機械外行，若以傳統模具設計，一不小心手指就會受傷，甚至沖斷（這一行的從業人員很少是十指完整的，像我的右手食指也斷過，癒後至今無法彎曲），而燭芯有兩種尺寸，剪香模具要容易更換，為改良剪燭芯的缺點，讓操作更安全，我設計的剪香機，手指伸不進去，一次能沖剪五枝香，長短可自由調整，現在一天要剪萬支變得輕而易舉，香末也不會碎裂。

● 沖剪香枝機。

燭芯固定座

原先的燭芯固定片是一塊圓鐵薄片，中間冲凸起一孔，當香枝插進圓孔時，粗一點的香枝香抹會脫落，細一點的香枝插進去則易鬆脫，都得用鉗子再夾緊，否則固定片易脫落、燭芯會倒下去。

　　我改良原先設計，將固定片中央處冲出三個小凸片，利用質材本身的彈性讓粗、細燭芯都能夾緊，並在小鐵片外圈再冲三個小凸片，用以卡進蠟燭，這樣燭芯座就不會鬆脫，幫助蠟燭完全燃燒。

　　從此，就算一年需生產幾百萬只蠟燭、常住師父也不用等上人睡著，再偷偷摸摸起來趕工了。

● 燭芯與燭花座及蠟燭。

● 左1舊燭芯固定片；右2、3新設計，專利151467號。

耐熱燭杯

聽常住師父說，有委員點精舍蠟燭時，差一點把房子燒悼，問我能否有改進方式？

那一個多月時間內，我每天在以鐵塊車成的樣杯內，點上很多蠟燭，看底部要做成什麼形狀？才能讓蠟燭完全燃燒，家人還以為我燒那麼多蠟燭是在祈禱什麼呢！

● 燒杯玻璃。

之後，設計出耐熱燭杯——可耐瞬間溫差攝氏150度。

耐熱玻璃蓮花燈

常住師父又要我再設計可放燭杯的蓮花燈。

那時我還不會電腦製圖，只能手繪2D圖，還好常住師父是做設計出身的，就以我的設計，改畫成立體圖，我先請人雕出木樣，花了很多時間修改，又調

● 蓮花燈。

整、雕刻木樣很多次後，上人才終於滿意。

記得那年在歲末祝福的時候（每年上人會到全省各地分會辦感恩委員的祝福會），每位委員都收到上人送的一對漂亮莊嚴的蓮花燈、燭杯、和蠟燭。

保溫餐盒

設計出來後，專供大愛電視台與慈濟醫院專用，並未對外販售。

當慈濟醫院的醫生們，因門診病患多延誤了用餐時間，或是進行外科手術時間難以準確掌握，有些手術時間長達十幾小時，無法中途暫停，亦或大愛台進行錄影工作、重要會議等，都常需使用保溫餐盒備餐。

• 保溫餐盒。

便當盒

慈濟的志工活動非常密集，因有些男眾食量較大，就設計三款不同尺寸的便當盒，各有透明及米黃色的款式，很多師姐會買透明的便當盒回去當保鮮盒。

便當盒除了外觀好看外，也特別排除重疊時易吸住無法分開、及死角不好清洗的問題，全部設計R角，當A便當要放到B便當上方時（重疊時）便當盒底部與便當盒蓋接觸點要能稍為卡住，才不會滑動，可以一層層疊高，不會垮下來。

多年來，無論是為自己研發，或為慈濟開發新產品，我漸漸體會到——設計者若能心存感恩心，就會站在消費者角度去思考，設計出來的產品就會更貼心。

● 便當盒。

4. 救急，也救窮；窮人的苦，我懂

1992年，我尚未授證慈濟委員即擔任訪視負責人。

從極度貧困中走來，我深知窮人的苦、窮人的自卑與無助。有句話說：「人窮，連鬼都怕。」這個社會多的是錦上添花，少見雪中送炭，而窮人特別怕被看輕，有困難也不敢求助，向銀行借錢得有擔保品或人保，但誰願意為窮人作保？而窮人又哪有財產可提供擔保？若無人及時拉一把，很難度過困境。

有一回，上山訪視後，確認某一個案急需援助，馬上連夜寫好資料傳真到花蓮總會，卻怎麼也傳不成功，慈濟是有制度的組織，為個案申請救濟金補助，得透過一定的審核機制，並且需在每個月預訂的截止日前送達，偏偏那天恰好是當月申請期限的前一日，如果資料送

• 一家七口住屋。

不進去，就得拖到次月才受理。

救窮不能等啊！

那個案主連當前日子都快撐不下去了，哪有辦法再等一個月？

我原本打算第二天搭飛機到花蓮，妻子提到住在雙冬的一位魏師姐恰好要回花蓮當志工，不妨拜託她——於是我馬上聯絡，自掏腰包支付機票錢，請她明天飛過去代為將資料送進總會。（她原要再晚二天才去花蓮）

這件事總算圓滿達成，我也放下一顆心。

窮人進無路、退無步，遇到難關，往往求告無門，尤其中下階層，一方面週邊環境裡，奧援有限，另一方面，因知識背景不足，資訊封閉，根本不知道能向什麼管道求援？遇事只能困坐愁城。訪視工作就顯得格外重要，不能怠忽。

將每一元善款用在刀口上

對於初訪個案，事前要做功課，參訪時仔細觀察，並從其週邊的鄰居、親戚、朋友處，多收集相關資料，才能做出正確判斷；對於已受補助的感恩戶，則每三個月至少複訪兩次，才能確切瞭解其生活是否改善？

助人，應依實際情況機動調整，判斷該給予臨時性補助？長期補助？或階段性補助？或根本不予補助？若訪視戶只是一時困境，獲得補助後，情況改善了，當然就該撤消補助，將有限資源轉而幫助其他更需要的人。

曾經，國姓鄉送來一件申請案，那是一對不良於行的夫妻，希望慈濟能幫忙代為搭蓋廁所，訪視時，我發現他們住的屋子就在田中央——通常這代表週圍田地產權屬於這戶人家，而這對夫妻出入各有一

台電動輪椅代步——這意味著經濟狀況應該不會太糟，接著，我去拜訪住在近旁一座三合院的父親，發現空地上停著蓋了帆布的全新鐵牛車，閒聊時，他表示那是用來載孫子去讀書的……。諸多跡象都顯示這戶人家，絕不至於窮到連一間廁所都蓋不起，因此在勸解下，對方也同意自己出資搭蓋以免受人非議。

我常會將訪視的心得做成記錄，提示訪視時應注意的細節、方法、判斷標準等，師兄師姐們都開玩笑說，那是訪視的「葵花寶典」、「武功祕笈」，時常借去參考。

訪視人員教育程度不一，有的人天生敏銳，有的人卻個性迷糊，我常會提醒大家，在舉報貧困個案時，與其找民意代表、里長舉薦協訪，不如親自到附近矸仔店和週邊鄰居聊聊，旁敲側擊；訪視前，要做功課，盡可能先從社工手裡拿到基本資料，進到訪視戶家中時，不妨借個廁所，到廚房看看家電用品、桌上的菜餚、冰箱裡有什麼食物……這些無所遁形的小細節，最容易讓人一眼洞徹該戶人家的生活實況。當然，觀察時需顧及對方的感受，不可傷人自尊。

善款，要盡量花，但不能亂花，每一分錢都是民眾愛心的匯聚，若審核過於嚴苛、只是依著規定條款照章辦理，絲毫不通人情，那就因噎廢食，拂逆了捐款者的良善美意；相反地，若不察實情，寬鬆放水，或只看表面、自由心證，就浪費了大眾捐款，同情心也受到有心人士濫用。

當然，有了組織、制度可依循，能發揮監控機制，無可厚非，但制度也難免有其不周全處，因此，如果判斷訪視戶確有實際需要，卻未能通過審核，我乾脆就自己掏腰包！

助人並非給予錢和鼓勵就好

一般人常會說：「救急，不救窮」。但慈濟救急、也救窮，和我的理念深能契合。

在這個社會上，窮人要翻身很難，遇到困境時，雖有人助一臂之力，暫解燃眉之急，卻不代表從此脫離窮困，有些人家，丈夫意外身亡，家中唯一經濟來援斷了，留下一堆嗷嗷待哺的孩子，必須長期補助，陪他們走過漫長的黑暗期，協助孩子成長、受教育，直到能獨立了，反饋家庭，補助才能停止；而補助金額也必需依實際需求拿捏分寸，不能給得太寬裕，以免受補助者因得來太易，不懂得珍惜，或完全依賴，不思長進；當然，也不給得太少，生活過度拮据，可能衍生一些旁枝雜節——例如物質誘惑導使的負面行為等。

幫助人，也並非給錢就好，應視其情況，對症下藥。

曾有一位舞小姐因和男友吵架，從二樓跳下去，自殺未遂，卻導致頭部以外全身癱瘓，訪視人覺得十分可憐，提報申請補助，我去訪視時，她一直嚷嚷著要喝農藥自殺。

「好啊，妳想喝哪種牌子的？任何時候，只要妳真的想死，就打電話給我，我馬上幫妳買來……」我的話，讓她愣住了。當頭棒喝，有時候比溫情勸說更有效。事實上，她的男友相當富有，在她癱瘓後，非但沒有拋棄她，還娶了她——這件個案，後來以不予補助結案。

又例如，信義鄉潭南村有一位原住民少年因游泳意外，導致癱瘓，母親常喝得醉醺醺，生活乏人照顧，訪視時，我判斷他雙手依然有力，鼓勵他做復健，學習操作輪椅，但他自暴自棄，完全聽不進勸說。

「你不學，永遠就是這樣，就算想自殺，也死不了……如果學會生活自理，起碼吃喝拉撒睡不求人……。」我話說得直接，但句句屬實，除非自己願意調整心態，堅強面對，否則給予再多補助也沒用，協助這樣的個案，需要耐性，真心和他做朋友，有時還需要軟硬兼施，後來，透過種種努力，依其需求改善空間布置，方便他扶靠行動，並讓他與脊椎損傷協會人員認識、互動，這位年輕人終於漸漸想通，不僅學會了基本的生活自理，能按電鍋煮飯吃，人生也有了新的開展。

5. 最不乖的埔里行動組──
道格、賀伯颱風勘災紀實

1994年，道格颱風來襲。

　　一早，就有慈濟委員打電話來求救，我馬上開著剛買的四輪傳動新車出發，沿途風狂雨驟，山崩、樹倒，阻斷去路，於是又跑回去拿鋸子，將樹鋸斷搬開，搶通後，終於順利救回兩位困在山上的出家師父。

　　那回，南投縣仁愛鄉受災嚴重，很多村落交通中斷，為了勘災，我們分為兩組人前往山區，一組由謝文欽師兄和陳麗華師姐騎越野機車前往南豐、霧社、春陽、精英、合作、盧山；另一組由我、陳瑞成及王頂吉師兄開車至霧社，往高峯山頂（往親愛村、奧萬大方向路未通，我們必需徒步翻過一座大山，才能到達親愛村、萬豐村，陳師兄小時候曾隨他爸爸走過幾次，聽說還有登山者及原住民打獵的小路，不知路是否還在？）

　　我們將車停在一處工寮，我與另外兩位師兄揹起乾糧、汽油、睡袋和泡麵等物資，走4個多小時山路前往災區，沿途砍草、鋸樹，蹣跚跋踄，小路幾乎看不到了、幸好沿途還找得到登山者小布條，王師兄是外丹功總教練，走到大腿抽筋，而另一位師兄陳瑞成則腳底磨破起泡，個子矮小的我，因之前種茶，習慣在山區活動，反而步履雄健，夜裡搭營，我取出隨身攜帶的藥酒（對蛇咬、蜂螫、筋骨受傷極有療效），請二位師兄飲用。

• 謝文欽、陳麗華勘災時與無憂無慮的原住民兒童。

• 陳麗華師姐坐危險的簡易流籠過河。

● 左起王頂吉、陳瑞成、沈順從。

「慈濟人怎麼可以喝酒？」二人面有難色。

「戒律雖然重要，但現在保命第一。如果上人或佛祖怪罪，我承擔啦！」我笑著說。

幸虧喝下那杯保命酒，次日二位師兄總算能夠行走。飽受颱風肆虐的山區部落，滿目瘡痍，許多道路、屋舍被土石流淹埋，河床上遍佈巨石，我們沿途記錄受災情況後，將所有物資都留給災民，踏上歸途，卻忘了回程得走6、7小時，去時是下坡、回程全是上坡，身上連一瓶水、一包乾糧也沒有，三人又渴又餓又累，半途又下起雨，來到大崩壁前，擔心雨勢滂沱，山壁再度崩塌，一時不敢前進，我祈求希望雨停否則怕有危險。

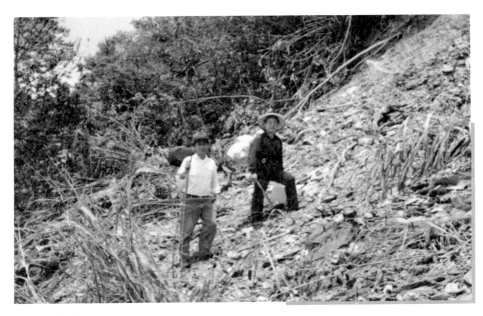

● 通過崩壁。

　　未料，雨真的停了，三人鬆了口氣，繼續前進，走著走著，熱汗滿身，我順口說：「還是下雨涼快些。」沒想到話才說完，沒多久，雨竟又開始飄下來……巧合吧？我們三人心裡感覺怪怪的，相互提醒：「別再亂說話了！」

　　狼狼跋涉到停車處，茶農看到我們幾近虛脫狀，在工寮裡找到一包泡麵及小半鍋剩飯，胡亂混煮一通，讓我們填飽肚子後，就開車下山，一到家，就接到花蓮本會來電，說上人擔心山區危險，交待我們不可以再亂跑，更不能帶人上山勘災。

　　之前，中國大陸江蘇嚴重水患，慈濟跨海賑災，受到不少輿論抨擊，「慈濟救大陸、不救台灣」的惡意流言甚囂塵上，當時身為南投地區訪視負責人的我，覺得應該積極行動，改變民眾的負面觀感。

　　但上人交待不准妄動，我人雖在家裡，卻擔心著山上受災戶及感

恩戶的情況，坐立難安，
不斷對外聯繫，打探災情
及道路搶通進度，一聽說
有載菜的大貨車進入山
區，我再也坐不住，帶了
三位志工委員謝文欽師
兄、陳麗華師姐、陳瑞成
師兄，整裝出發前往受災
嚴重的翠巒。

　　災後，山區路面極為
泥濘，車速過快會打滑，
車速太慢，輪胎就會陷入
泥中拋錨……途中，遇到
一位山地鄉的議員，我們
提及日前曾進到盧山、及
萬豐，他難以置信，因為
道路未通，我們之前是步
行進去的。

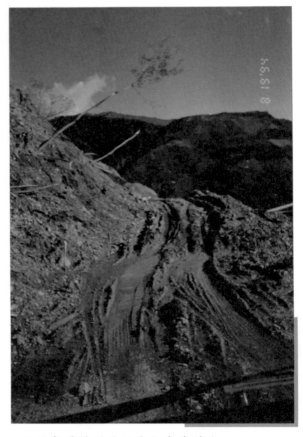

● 沿途都是這種路況力行產業道路。

　　四輪傳動車在崎嶇破碎的山路中小心前進，有些道路被巨石掩
埋，雖暫時搶通，卻仍危險萬分，我請同行的師兄、姊下車看路、指
揮，當時心想，若萬一車子不慎跌落山谷，他們在車外至少是安全
的，而在車上的我，還有機會跳車，事後我開玩笑地說：「如果我怎
樣了，至少還有人幫我助念。」

● 陳師兄指揮車子過險境。

　　沿途，經過發祥、紅香、力行等部落，到了馬力光教堂，教堂裡的牧師表示，五十多年來，第一次有外面的慈善團體到此關懷，他激動地說：「我昨天一直在祈禱，今天你們就來了！」我笑說：「你們的上帝很靈喔！」繼而請問他：「翠巒部落怎麼走？」他指著教堂下方，說：「路被颱風阻斷，要從這裡往下走，十多分鐘就到了。」既然無路可通，我們就下車，依言前進，卻足足走了40多分鐘，作完勘災記錄後，村民再以農用搬運車載我們返回馬力光教堂。

　　回程，開車經過瑞岩部落上方，停在路邊，吃乾糧果腹時，已是晚上七、八點，視線不佳，月色映照下來，在地面形成反光，難以辨識前方是水坑？或是路面？正猶豫著是否該前進時，抬頭仰望，發現山頭的月亮，竟大如米籮，讓人為之震撼，同行的友伴說：「那是山上緯度高造成的假象吧？」是這樣嗎？我一生從沒見過那麼大的月

亮,初始,大家還你一句、我一句地閒聊著,有人開玩笑說:「天龍護法,那一定是師父派來保護我們的……」山風颯颯,月色奇亮,聊著聊著,大家突然噤語了,週遭陷入一片靜寂。

「出發吧!」大家決定繼續前往瑞岩,那一刻,無法理解的是,在駕駛座上開車的我,竟莫名地淚流不止……

當車開上大馬路(翠峯段),月亮已不見蹤影,從後視鏡望去,身後竟狂雲濤濤,彷彿魔鬼般追襲而來,狀極恐怖。

終於安全抵返時,陳瑞成的妻子已帶著兩名兒女在我家焦急守候多時,我打了聲招呼,進去洗手間,又開始淚流不止,心想,這一路上若發生任何意外,如何向人家的妻小交代?

其實,每回率隊上山勘災,我的心理壓力都很大,尤其風災過後,山河破碎,土石鬆動,氣候不穩定,往往一陣雨後,突然又發生土石流的意外事件頻傳,聞之心驚膽顫,但想到那麼多災民還陷於水深火熱中,我沒有辦法坐視不管,因此雖明知危機四伏,依舊率著組員們冒險上山,為了勘災、救災,大家都豁出去了,把命交在我手上,我怎能不戒慎恐懼?

回來第二夜,上人來台中,我們奉召前往報告勘災經過,上人看到我,歎氣說:「你叫順從,卻最不順從,叫你不要帶人上山,你還是去,但是看你們做到這樣,我也不知要怎麼罵了!」

● 向證嚴上人報告道格颱風勘災後與上人合影（1994年8月24日）。

山崩地裂中完成勘災

　　兩年後，賀伯颱風來襲，南投受災情況更嚴重，2000公釐的瞬間雨量集中下在信義鄉，天地風雲變色，鬼哭神號，如樓房般大的巨石滾滾滑落，山壁崩塌，瞬間屋毀人亡，前回道格颱風的肆虐，已讓人觸目驚心，相較於賀伯颱風造成的慘狀，卻只能算是小巫見大巫。

　　8月7、8兩日，我們整裝向信義鄉神木村挺進，同行的，有花蓮精舍負責《慈濟世界》（當年還沒有大愛台的許淑芬（即日後圓頂的德倩師父）楊導播、攝影陳友朋（聽說小陳因那次的感動，發心永遠追隨上人，到目前都是隨師攝影）、執行製作陳淑伶、許勝記師兄（許淑芬親哥哥）、郭東成師兄、陳穎正師兄和我共八人，山區道路柔腸寸斷，有些已搶通的可以勉強行車，遇到危險路段，車開不過去，就揹起物資用走的。

● 勘災現場信義鄉豐丘。

　　這回勘災、拍攝，全程有駱駝車隊的協助、行前經縝密籌謀，先派隊員探勘路況，規劃可行路線，再以分段接力的方式，將人員送入災區。而從埔里往信義鄉的路到日月潭就中斷了，之後許多路段都得靠雙腿步行，幸虧之前就有所顧慮，擔心導演、攝影等文化工作者少有山區活動經驗，體力難以負荷，故請三位師兄（郭東成、許勝記、陳穎正）幫忙揹笨重的攝影器材。

　　沿途，山崩橋斷，許多路段都被石頭掩埋，約一層樓高，完全看不出道路何在？處處是屋毀人埋的慘狀，而對外通訊完全中斷，裡面不知外面的情形，外面也不知道裡面的狀況，只能靠著駱駝車隊的無線電聯繫。到了豐丘村時，無路可通，無橋可行，只能坐簡易流籠過去，才坐上流籠，竟開始下起大雨，我們來不及穿雨衣，八人全成了落湯雞。

● 徒步進災區。

● 1、2樓也有巨石。

原本計畫要一路進到神木村，但因雨勢變大，為了安全起見，臨時改變行程，決定先在東埔過夜。經過同富時，見到同富國小遭土石流掩埋，恐怕難以復原了，到了和社街上，慘況更是難以言語形容，

兩邊商店幾已全毀，屋內聚積一人高度以上的爛泥漿，雖有國軍幫忙清理，但滿目瘡痍的景象，讓我不禁鼻酸。

　　到了東埔，許多災民冒雨在路邊煮大鍋粥，村長帶我們去拍攝災情，雨勢愈來愈大，我與車隊研商後，認為之前搶通的道路可能會再度中斷，因此緊急決定，不可在東埔過夜，應趁現在道路還能通行，先返回和社比較安全；回程中，遇到一處大坍方，前導車見落石不斷，不敢貿然通過，全部的人都下車，由一位隊員先跑過去，用無線電指揮車輛衝過去後，再找無落石的空檔，引導大家跑過去。

• 國軍協助清理1、2、3樓的巨石。

● 橋斷。

　總算有驚無險，全員安抵和社。

　次日，清晨五點多，駱駝車隊已派兩部車等候，載大家出發前往神木村。

　先抵達第1、2鄰，區內的龍華國小全毀，房舍多已全埋、或半埋，幸虧無人死亡，無家可歸的災民，暫時住在活動中心，一起吃大鍋飯；往下再去的第六鄰，因為道路中斷，只能徒步前進，途中得經過一處大斷崖，深及數丈的崖壁陡峭難行，單是看著，就心驚膽跳，我心裡很掙扎，遲遲不敢決定是否繼續前進？試探性地問同行的兩位女性。「應該沒問題！」她們勇氣可佳，義無反顧。既然如此，我就下令成員們卸下所攜物品，包括相機、攝影機、揹包、物資等，委由車隊隊員冬筍等人幫忙運過去，大家騰出手來，扶著崖壁，半走半爬地慢慢前進時，上頭還落石滾滾的，驚險萬分，此時，有三位村民前

來支援，有人站在對岸觀察，待落石暫歇的空檔，指揮大夥趕緊匍伏通過。

● 大斷崖。

　　從第6鄰到聚集最多災民的第8鄰，還得再走2個多小時，我擔心有些人體力不支，就將人員分為兩組，視聽組的楊導播、攝影師小陳和執行製作陳淑伶留下拍攝，原也請精舍的許淑芬留下，但她堅持要與我們同行。

　　「我們是因職業關係不得不來、您們只是志工（慈濟委員）為什麼要冒那麼大的險再前進？」楊導不解地直嚷嚷。

　　「您們是有鏡頭就好，但我們此行是為災民而來，必需有完整的勘災記錄向上人報告，以利本會擬定如何協助災民渡過難關。」我說。

　　四人帶著較輕便的裝備繼續前進——真是難以形容災難現場的慘況，整條新中橫公路已無法稱為路，被砂土、巨石、泥漿掩埋長達數公里，路旁的電線桿也全埋在至少一層樓高的土石流中，我們僅能憑著判斷以露出短短一小截的電線桿為路標、及駱駝車隊無線電指引，小心前進，終於抵達。

● 放眼望去，看不到路。

　　總算有驚無險，「你們是第一批進到這裡關心的救難團體。」災民哭著擁上前來。這一路上，險象環生，所到之處，災民看到我們，無不激動落淚，放眼望去，田地、家園全成廢土，河床亂石崩塌，河非河、路非路，無一處倖免，慘絕人寰的災難現場，一片哀淒，我們的心頭也萬分沈重，更覺勘災、救災刻不容緩。

　　也因此，即使上人一再交待我，不可以常常帶人冒險入山勘災，

我還是屢屢「犯規」，若不搶在第一時間進去，如何將災情帶回來讓大家知道？又如何將救援帶到真正需要的地方？每次私下出動任務，我都做好交回委員證的心理準備，出發前，在上人照片前祝禱：「請保護同行夥伴們平安，這是我帶頭的，有事我一人承擔。」

不僅我將救災任務擺第一，其他同行的夥伴們又何嘗不是置個人生死於度外？這回入山，我察覺許淑芬衝在前頭，以為曾擔任巡山員的她，經驗足、腿勁特好，所以才一馬當先，但有時候卻又發現她落在最後，覺得奇怪、又不免擔心，事後才知道，「奇」中必有緣故，在此，特別將她事後打電給我的內容錄記下來：

「沈師兄，很抱歉，那天，我不是走在最後、就是最前面，讓您擔心了！其實我是不敢跟哥哥走在一起，才故意避開的，沿途落石不斷，而媽媽只生我們倆兄妹，萬一大石頭掉下來時，我跟哥哥都出事，媽媽會很傷心……」

【救災外一章】幫災民蓋屋是良心事業

颱風造成許多災民無家可歸，上人希望我負責監管為災民蓋屋的事，但我考慮到自己並非做建築的，怕經驗不足而婉拒，卻拗不過勸說，只好同意承辦仁愛鄉六個村莊的14戶。

當時，我處在失業狀態已有一陣子，為免妻子擔心，就先向耀明借十萬元當安家費。

因山區村落相當分散，半年裡，我的車子在山中跑了4萬多公里，後座因路況顛頗，彈簧震壞，換新座椅兩次，山上飲食不便，每天帶著兩個飯糰和水出發，一份當中餐，一份留到傍晚下山時路上充飢，回到家常已是深夜。

　　每份蓋屋款，都是民眾善心滙聚，而幫災民蓋屋，有許多顧慮，也要解決許多棘手問題：例如有一位外省老兵，已八十多歲，如果蓋了，老伯能住多久？會不會形同浪費？請示後，上人表示：「哪怕只住一天，也要蓋。」因此就放手去做；又例如有位受災戶，屋況極糟，丈夫過世後，她要獨力撫養6個孩子（其中一人肢障、還有一位襁褓中的嬰兒）公公卻不肯讓出閒置的兩分地，讓媳婦一家七口蓋屋安居，我每回前往拜訪，他就躲避不見，只好一次次出動里長、村長、警員、牧師協助，才終於說動他。

● 位於中間者，即是那位老兵伯伯。

　　對於蓋屋品質，我更是戰戰兢兢，絲毫不敢放鬆。

　　有一回，發現建商立樁時，水平沒拉直，卻藉口是地質和地勢關係，我發飆，大罵：「若換作這是你要住的房子，你敢住嗎？尤其是給貧苦人家住的，一旦發生問題，他們連整修的能力都沒有！更應該蓋得牢固。」

　　過程中，也遇到不少感動的事，例如，我原本擔心建築師收費很高，負擔不起，未料他只收申請執照的錢，還特別為屋子做模型，絲毫未因沒收設計費，就馬虎草率。

　　兩個月的時間，我承接辦理的六村14戶屋舍順利落成，趕在過年前給他們搬入。（當時我製作了厚厚一大本A4規格的記錄——從道格颱風當天、到十四戶住屋完成的詳細報告，呈給上人看，上人指示要慈濟全體向沈居士學習、上人說，沈居士不只把腳印留下、甚至把腳紋都留下，當年慈濟尚無這方面的專責部門，隔年才成立文宣組、後來改為「人文真善美」。）

　　但秀巒村的31戶房舍卻因故拖了兩年還無法交屋，一下雨，二樓漏水、一樓積水，上人又把我找去，希望我能接手這個燙手山芋。

　　事已至此，以解決問題為重，我就不再推托了，胸有成足地說：「給我兩個月的時間，就能交屋讓災民入厝。」包括上人和在場的師兄師姐們，都面露疑色。但我並非說大話，回精舍前我就去實地勘察，已清楚問題所在——山區地勢、氣候、風雨特性與平地不同，山上下雨時、會夾雜著不規則的風，因有山谷、山坳會使風向亂飄，常從壁面、窗戶滲入，導致2樓漏水，而路面較屋內高（建商原是好意，將蓋屋賸下的水泥用來鋪路），屋內當然會積水——我接手，就雇工以預絆混凝土將房舍地面填高超過路面，並加設屋簷、窗簷，讓風雨不會直接打濕壁面、透窗而入，兩個月後，31戶順利交屋。

【救災外二章】九二一大地震二、三事

九二一大地震發生時，雖然我新購的房子倒了，身揹2000多萬貸款，但看到災情嚴重，哪有時間悲傷？一心只想儘早投入救災。

多年來，歷經道格、賀伯颱風等救災勘災活動，累積了豐富經驗，在九二一時發揮了力量，慈濟人完全不需交代分配，都知道自己該做什麼，自動自發，在各自的崗位上發揮人飢己飢、人溺己溺的濟世精神。

許多民眾遠近而來，主動送瓦斯、水、米粉、香菇、蔬菜等各種糧食物資，香積組從早忙到晚——1999年9月21日半夜1點47分大地震，早上七點不到，埔里聯絡處就派車將早餐送往各處災民聚集的地方，供給災民食用，每到用餐時間，民眾隊伍在埔里聯絡處繞了4、5圈，穿著藍天白雲制服的慈濟人，為災區帶來一股安穩的力量。

當發現來領救援物資的，反倒多是受災輕微的人，而那些屋毀、親人亡的嚴重受災戶，吃不下、睡不著，陷於悲淒，哪有心情排隊領物資？而有些災民，將能挖的家當和重要財物從瓦礫堆裡挖出來，在樹下搭個帆布，晚上用報紙當被褥，暫時棲身，得看守僅有的家當不被偷走，怎麼有辦法離開來領救濟物資呢？因此我就協調駱駝車隊巡迴各地，將物資送到真正有需求的人手上。

災後，慈濟蓋妥組合屋，即依法呈交政府統籌由各地鄉公所斟情發放，當時，我們動用大批人力，深入災區訪視，做了大量詳實的資料，但各地鄉公所卻另有一套審核做法，並未參酌我們送上去的資料，導致某些受災戶未能獲得發放，將怒氣發在慈濟身上，跑來找我理論，當場叫罵，但我也無能為力，當組合屋蓋好交給政府後，慈濟

就無主導權了,我只能儘量解釋,讓對方暸解實情,就算得不到諒解,苦澀也只能往肚裡吞。

• 車隊集結載救災物品。

但還是希望能盡量幫上忙,承蒙許多善心人士認同,確信我們是很認真踏實地在做,常主動捐款,用來為無法獲得補助的災民蓋屋子。初始,是一幢房子的花費讓許多人一起認捐,後來,不少善心人士提出願意獨力出資捐蓋整棟房子,也就不堅持分額認捐的方式。總計當時共增蓋了20多棟屋舍。

6. 駱駝車隊，救災跑第一——
樂幫菩薩跑腿、扮千里眼與順風耳

回顧往昔，我與駱駝車隊的首次結緣，是在道格颱風來襲之際。

當時，南投山區景觀原始，大多仍是原始的石子路，山勢陡峭，山路也隨之起伏蜿蜒，原本路況就差，颱風過後，更是崎嶇難行、險象環生、一般轎車完全無法行駛，必須倚賴四輪傳動車，才有辦法入山穿行。

而每當颱風來襲，南投縣偏遠山地鄉總是首當其衝，受災嚴重，我們雖搶在颱風過後，馬上就輕裝前往勘災，但受災區分佈很廣，只有我一部四輪傳動車（當年南投一帶慈濟委員還不多，訪視救災人員更是有限），能實際查訪的村落有限，而且勘災後，更重要的是及時救援，單靠我和幾個慈濟師兄、師姐，力量有限，必須以最快的速度，找到大批人力支援，才能深入山區繼續勘災、救災、發放物資。（當年給我最多支援的，是郭東成夫妻所號召的師兄師姐、及駱駝車隊）

道格颱風時，在台中分會的協助下，商請了駱駝車隊協助，車隊都是四輪傳動車，隊友駕駛技術高，又有豐富的高山小路行駛經驗，更重要的是，他們都有一顆善良、樂意助人的心，而且車隊人多、車多，每天都可以派遣幾十部車支援。坦白說，當年，若沒有駱駝車隊的熱心支持，我們絕對無法圓滿完成勘災、救災任務。

● 恐怖的大崩山。

● 沒膽、沒技術還不敢駛這種路。

　　那回任務結束後，我心想，南投地區多山，且偏遠村落相當分散，需要幫助的貧戶特別多，思及日後萬一又發生天災地變，需要仰賴駱駝車隊弟兄們協助的機會一定很多，若常請託人家會不好意思，所以，第二年（1995）我就加入駱駝車隊，成為正式隊員。

　　加入後，我才知道，原來這些隊員們，大多是中小企業老闆，因為興趣相投成立車隊，平日都在各自的崗位上努力工作、經營事業，假日有空就規劃活動，一起出動遊山玩水；成員們都以外號相稱，有些外號十分特別，甚至滑稽，例如當年會長叫「116」、叫「小綿羊」的，身形卻高頭大馬，有人叫「漢堡」、有人叫「放電仔」，至於我呢？剛開始，大家都叫我「彼個阿彌陀佛的」，加入車隊後，因為我的車號是9499，「99」就成為我在隊上的新封號。

　　還記得首次一起出任務時，隨行的香積組準備的都是素食，我原本很擔心隊友們吃不慣，畢竟這些豪爽的漢子們平日是菸、酒、檳榔、葷腥不忌的，未料，他們不僅全程自付油錢，還自己準備飲食，完全不要慈濟負擔，之後所有的勤務也是如此。

　　雖然我是慈濟人，理當恪守慈濟作風，但隊友們並非慈濟人，只是義務支援，不應受到太多限制，偶爾會有些虔誠茹素的慈濟師姐私下抱怨：「那些隊友，偷偷在夜裡喝酒、吃肉耶！」我都會勸解師姐們：「吃素是好，但我們應該尊重對方，不能強制要求。」為了避免無謂的困擾，之後每當出任務，需要一起在山區過夜時，我就設法將慈濟人與車隊的帳篷隔開。

• 看似平靜的河流、時常陷下去動彈不得，車隊勘災必需三台以上同行才能相互照應、確保安全。

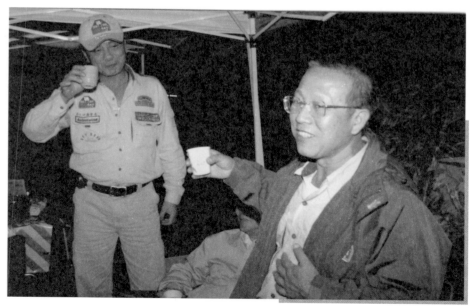

• 左為台號小白兔，體型高大；右為台號99的沈順從。

　　駱駝車隊成立多年，是一支非常有組織、行動力強、效率奇高的車隊。

　　每回接到任務，隊長就會詳細瞭解細節，主動安排、分配工作，並提醒大家：「慈濟是阿彌陀佛的，師兄師姐都是守戒的人，這樣大家有了解啦喔？」說得大家笑成一團。隊友們也都相當自制，為了配合慈濟作風，主動減少抽菸、喝酒，在慈濟師兄、師姐面前，不吃檳榔、不說黃笑話，任務結束時，一定將自己的垃圾帶下山，絕不造成山區污染。

　　駱駝車隊弟兄們都是樂天派，大家平日很愛開玩笑，做事卻毫不馬虎，協助救災時，絕對是安全第一，不會莽撞行事。災後山區氣候多變，土石鬆動，危機四伏，為了救災，隊友們從不退縮，總是在出發前，先派人探勘，規劃安全路線，至少三部車同行，前後照應，有時候行路間，遇到山崩，前行無路，也不輕言放棄，而會以分段方式，尋找替代性的入山途徑，載著救災人員或物資繼續挺進，有時候，車行到半路，發現前方山壁仍時有落石滾滾，為了安全起見，會讓所有的人都先下車，隊員自己冒險下來指揮，搶著落石的空檔，帶領大夥兒快速通過，堪以「出生入死」來形容。

• 右起小綿羊、漢堡、阿昌、阿誌、陳麗華師姐、99、208。

• 車隊勘災、救災可不是玩的。

　　而山地鄉幅員遼闊，村與村的距離，平時車程可能就要4、5小時，風災過後，山川變色，路況極糟，有時勘災、救災部隊一出動可能就是十天、半月地才能結束任務。

　　駱駝車隊猶如菩薩的腿，將菩薩救苦救難、慈憫眾生的大願帶進災區，送達愛與關懷，撫慰災民的心，有時，還得扮演千里眼與順風耳的角色——每當強颱過境後，山區不僅交通險阻，通訊也常完全中斷，在內外隔絕的情況下，都是靠車隊的無線電相互聯繫，才能及時把災區的情況送到外面，並把外面的消息送入災區。

　● 沒道路、走水路。

　　尤其當災變突如其來時，車隊的無線電通訊常就擔負起「救災生命線」的重任。

　　賀伯颱風那次，東埔溫泉對外交通全斷，約有500名遊客困在其中，恰好外號「冬筍」與幾位隊友就住在附近，台中的車隊總部緊急與「冬筍、菓子狸、茶米園」聯絡上後，請他們火速趕過去，除了報告災情外，並一一問明遊客家中或親人的電話號碼，以無線電提供給

車隊總部，再由鎮守於總部的會長夫妻（116）一一打電話向受困民眾的家屬報平安。那回，單是電話費就花掉一萬多元呢！

除了勘災、救災外，駱駝弟兄們也是慈濟偏遠山區義診的先鋒部隊，在慈濟人醫會成立之前，一次次不畏風雨地，接送醫務人員、醫療器材和慈濟志工們深入山區。

歷經道格颱風、賀伯颱風、九二一大地震、碧利斯颱風、七二水災、桃芝颱風、中南部的八八風災等等，在慈濟救災助人的道路上，駱駝車隊從未缺席，只要一通電話，隊友們就呼朋引伴而來，積極參與救災工作，尤其九二一大地震時，最高記錄一天出動九十多台車輛支援慈濟在中部各地區的各項任務，從勘災、救災、發放物資給災民、到幫忙接送慈濟人員進出，甚至當起運鈔車把現金送進災區、以利慈濟在災民最無助時發放救助金（因當時各地道路毀損嚴重）。

• 九二一大地震埔里鎮公所。

而且多年來，車隊參與支援任務時都是自己出油錢、自己準備吃、住，完全不需要慈濟負擔，當發現有些受災戶因故（例如屋舍倒塌，卻因沒有戶口登記）無法請領政府救濟金時，更主動發起募捐，

隊員們慷慨解囊，默默行善，從不張揚，此外，也常支援其他慈善機構及政府單位的救援任務，善行不勝枚舉。

　　情義相挺、任重道遠的駱駝精神，不僅在慈濟世界寫下輝煌的一頁，也在人間道駛出令人感佩的善行之軌。

【偏遠山區義診記趣】把健康送上山

　　由於時常上山勘災訪視，發現偏遠山區醫療資源欠缺，很多貧困人家礙於經濟困難，或因路途遙遠、交通不便（搭車往返，一天時間就沒了），不忍放下一家老小無飯可吃，儘量不就醫；或是老人家行動不便，有病只能拖著——當時（慈濟人醫會尚未成立，也尚未辦過大型義診），我就萌生將醫療團體帶進偏鄉部落義診的心願。

● 第二排左起醫界聯盟劉會長、古春蘭、沈順從、第三排右起駱駝116會長、296隊長。

　　1996年間，醫界聯盟（現改為路竹會）劉會長來找我，彼此理念不謀而合，因此，我就積極促成，由他負責召集醫療團隊，我負責安排行程，集合駱駝車隊和慈濟志工共襄盛舉。

• 原住民、醫生、護士、駱駝弟兄、慈濟志工團康。

• 衛教由醫護、慈濟志工擔任。

　　出發前，我都會先上山打點、會勘，拜訪當地的派出所、學校、教會、村長等，也需協調檢查哨（當年有些村落是要申請入山證）請他們協助加強宣導（山區住戶分散，訊息較不易傳達）否則，萬一義診當日，來看診的村民比醫護人員少，豈不辜負了大家遠道而來的熱忱和善行？

　　雖因山區路況崎嶇，生活條件極差，初始，曾有醫生、護士受不了，直呼再也不敢來，但下次還是會出現，持續助人為樂；而到偏鄉義診雖是苦差事，但大夥兒同行，趣味也多，早年山區景觀富原始之美，一般轎車和缺乏山區行駛經驗者難以單獨成行，因此常有慈濟師兄姐們，一再表達強烈的參與意願，說是「做功德兼遊山玩水」。

　　山區氣溫變化大，我每回都提醒大家記得帶外套，卻偏偏就是有人不當一回事，結果到山上凍得「皮皮挫」，前不巴店、後不著村，買不到禦寒衣物，只好用大垃圾袋套在身上擋風，十分滑稽；而大夥兒坐在車上，沿途常因路況差被震晃得緊張尖叫，「這樣會出車禍，害怕就唸阿彌陀佛啦！」我苦笑勸解，結果活動結束，安返平地後，常聽到怨歎：「出這一趟門，不僅全身痠痛，連嘴也痠。」讓人哭笑不得。

　　從1995年開始，每兩月一次的大型山區義診，持續多年，直到慈濟成立人醫會，完成階段性任務，順利交棒停辦。

• 仁愛鄉合作村義診。

7. 有問題不說，怎麼會改？

多年的訪視、救災過程，我常感動於人性的光輝良善，卻也見識到不少人性的貪婪。

當災難發生時，平時看來善良老實的人，因遭逢鉅變，可能變成貪得無厭；有些人得到幫助後，會努力站起來；但有些人卻依賴成性，有了補助，就不願工作，寧可怠惰混日；也有些人會抱著不實際的錯誤期待，例如私下抱怨，慈濟人來探望，竟連個紅包都沒給，或是說得請客，補助款才會通過等等子虛烏有的批評。

做善事，要有智慧

人生百態，有些聰明人，雖一時貪念，枉想不勞而獲，稍微點破一下，就會自知羞慚，不再強求；但有些人卻是需要講重話，曉以大義，才會自知理虧，知難而退；我常開玩笑說，做助人工作，也是要見人說人話，見鬼說鬼話，沒有絕對的方法，更不能一味遵循僵化的制度或條例，凡事只要牽涉到人，就得靈活應變，看事辦事。一旦判斷不予補助，一定要說清楚、講明白，讓對方心服口服，日後才不會衍生不必要的旁枝雜節，或是因期待落空，惱羞成怒，在背後惡意中傷慈濟形象。

做善事，要有智慧，需要人脈，也考驗自己的應世之道。

上人常說：「用眼睛聽，用耳朵看。」

我第一次聽到這話時，覺得很奇怪、聽不懂，深思後，則大受啟發。

看到、聽到的不一定就是真的，要用心觀察，時常換個角度思考，不要被假象矇蔽。

在訪視經驗中，我也遇過某些智慧型貧民，十分富有，卻仍裝窮、領補助。

例如，曾有一位國姓鄉個案，因誤觸高壓電，失去雙臂，被地方慈濟委員舉報上來，我前往訪視後，發現他的事之前曾經媒體批露，民眾捐款高達2000萬元，而且當初是因為偷竊電線、電纜才會誤觸高壓電，所以我反對補助，此舉嘩然，國姓鄉委員怒嚷著要全體退出慈濟，我請出郵局人員，舉證歷歷，然後說：「你們真要退出也無所謂，問題是以後誰來照顧國姓真正需要幫助的人？」

時光更迭。

新世代、新血輪相繼投入慈濟行列，江山代有才人出。

2009年，我完成階段性任務，覺得自己該能交棒了，卸下訪視負責人的工作，期待善的循環永續傳承，綿遠流長。

8. 情義月光 VS. 真實人生

　　慈濟大愛台提了很多次，要拍我的故事，起初我一直拒絕，一方面不喜歡出風頭，一方面認為個人的事，不宜被媒體渲染——看過一些所謂紀實性的戲劇，都會刻意美化，播出後反遭識者譏評。

　　我只是一個平凡踏實的人，認真做我認為該做的事，若做得還不夠好，就繼續努力，但求盡心盡力，若做得還行，也不需要刻意誇耀、拿來說嘴，何況是透過戲劇渲染？若說行善，我也只是盡做人的本份，為所當為。至於我怎麼對待家人、朋友，與父母關係如何？是否克盡孝道，更是私人的事，實不需公諸於世，讓人品評或讚揚。

　　也因此，我一直不同意拍攝。

　　有一回，隨上人行腳台灣十多天，當時上人向在場的李行導演介紹我在山上救災的故事，認為值得拍攝成電影或連續劇，提出想法，上人說：「若要

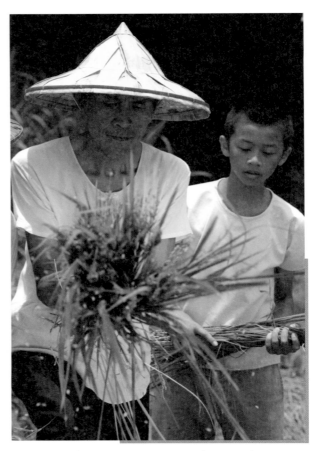

● 柱叔公／小戽斗飾；小順從／吳政迪飾。

拍，也要大愛台先拍才行。」

上人都親自開口了，我只好同意拍攝。

之前，編導人員們可能聽說過我霸道、強勢、固執、難溝通，忐忑不安地來訪，臨走前說：「來之前，好擔心會被你趕出去呢！」之後，編導又多次採訪、收集資料，花了一整年時間，提出拍攝百集的構想，但我堅決反對，認為我這樣的小人物故事，沒有拍攝到百集的必要，後來大綱確認四十集，每寫了幾集，得先通過慈濟編審小組的審核通過，再送來給我看，我只要求：一‧雖是我的故事，但只要牽涉到朋友、家人，播出內容得事先徵求他們的同意，二‧要真實，不要刻意粉飾或美化。

• 右3　十六歲的沈順從。

破局危機，一觸即發

漫長的前製過程中，我一次又一次帶著他們上山勘景，哪裡曾有山崩、土石流，災情是什麼景況？走了哪條路？遇了哪些人？做了哪些事？當劇組拉到埔里拍攝的兩個月期間，更是人仰馬翻。

因是以我的舊厝為實景，為了配合拍攝，屋況略經改妝，而當時我還住在那裡要作生意，劇組人員整天進進出出（劇組基本人員就有三十多人、還不包括演員），拍攝時，不能打電話、接電話，也不能讓電話響，生意也沒法兒做，造成不小的干擾。此外，雖劇組應有饍宿預算，但拍攝時，常請來許多志工、鄉親、駱駝車隊支援，總不好意思讓大家餐餐吃便當，所以又請了香積組的慈濟師兄師姐們來幫忙；有時候，為了搶恰當的天光，清晨四、五點，就得出發拍攝，志工、鄉親、車隊隊友也就得全力配合，把大家都累慘了。

導演非常認真，鉅細靡遺，近乎吹毛求疵，例如一根釘子，也要先泡水生鏽再用來搭景，觀眾可能根本不會在意或注意到的細節，他也絕對要求，連帶地，負責行政工作的製片組也被操得哀聲遍野，時而衝突，引發火爆場面。

例如，演員因為常會同時軋幾部戲，時間不好掌握，劇組好不容敲定通告，希望導演能先跳拍某些演員的戲份，但導演卻堅持要照劇本情節循序漸進、按部就班地往下拍，劇務組人員既無奈又惱火；又例如，因劇情需要，幫忙找來埔里鄉親當臨時演員，義務協助拍攝，每每鄉親到齊了，卻等待許久，終於輪到可以拍攝時，鄉親卻已不耐等待早已散人，只好又重新聯繫，一個個把人找回來……導演組和劇務組各有立場，都是為了把事情做好，但也因而關係日愈緊張。

　　拍片真的很辛苦，常只為了一個鏡頭，拍了十幾次還搞不定。

　　有一回我去探班，正在拍「村長走進來，敲門跟阿嬤說牛隻要登記」，為了拍攝，馬路得清場，工作人員頂著大太陽，擋在路的兩頭站崗，避免來往汽車、行人不慎入境，這麼簡單的情節，竟NG十多次，弄得怨聲載道。

　　還有一回，劇組車因故跌下山谷，被大樹卡住，積壓已久的壓力，一觸即發，劇務組憤而嚷著要全組撤出……諸如此類的事一發生，我就得扮演和事佬，出面緩頰，時而利用夜裡請雙方吃宵夜，化

● 古春蘭／簡沛恩飾；沈順從／許仁杰飾。　● 本尊。

解僵局,總算將戲拍完、順利殺青。(從開始到播出共花了四年。)

據瞭解,這部戲是慈濟大愛台有始以來,最多實景拍攝、動用最多演員、及無薪臨時演員、埔里慈濟全體志工委員及台中委員、埔里鄉親及鄰居、駱駝車隊及其隊員、家屬、且入圍最多大獎、並得到最高榮譽的好戲。

內容除了部份為使情節連貫、加強張力而設計的小小枝微末節外,相當符合真實,頗感欣慰的是,戲推出後,佳評如潮,常有做父母的告訴我,孩子因為看了這部戲,學會知恩惜福,懂得要奮發向上——看著戲劇,回顧往昔,坦白說,我既無得意、也沒有太多感歎,但若能給下一代些許啟發,那一切的辛苦,也就都值得了!

• 右一沈順從／許仁杰飾，左二阿川／吳承洪飾。

• 右一沈順從本尊，左二阿川本尊。

• 中年沈順從／游安順飾；中年古春蘭／林嘉莉飾。

• 本尊。

9. 圓一個綠建築的夢

1981年，我在新北市中和區，建一棟高五層的獨棟雙併公寓，是坐東向西，傍晚西曬嚴重，到了晚上12點摸屋內牆壁是熱的，從那時起，我就希望日後能為家人蓋一棟不會聚熱氣、涼爽、適居的環保建築。

這件事埋在我心裡多年，常會思考如何有效降低或解決牆壁吸熱、聚熱的問題，有機會就多看看各種建築和建材的特性。直到七、八年前到加拿大旅行，發現不少建築以空心磚當牆壁，回想起二十幾年前在紐約看到的奇特壁面、在台北看到的美軍顧問團屋舍，應該都是空心磚建築，後來才知道，原來歐美在數百年前就有空心磚建築。

九二一地震後，有一回女兒抱怨：「爸，您都在為災民蓋房子，怎麼不為我們家蓋棟好房子？」

我想想也是，終於在2007年後有能力蓋了現在住的房子、2009年蓋工廠，之後，又蓋了雞朝文創故事館。

當時，我託人從西班牙進口空心磚，自己設計、畫圖，以傳統鋼筋混凝土結構為主體，所有牆面皆採用空心磚砌成，粗面朝外、細面朝內，外牆自然樸拙，內牆平整簡潔。

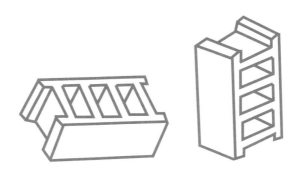

● 空心磚粗面。

● 空心磚平面。

此磚隔熱效果極佳，縱使在夏天烈日烘烤下，屋內牆面摸起來依舊涼爽，能隔絕熱，也就能隔絕冷，冬天時，室內溫度總能維持舒適狀態，有一次，室外約為0度C，室內測出是16、17度C，較室外高了十多度左右；空心磚牆面還能隔音、防潮、調節室內溫、濕度。

● 空心磚牆面。

　　一般談到環保綠建築，坊間總是強調大片窗戶，事實上，窗戶大反而容易產生熱幅射和冷幅射效應，面積愈大，影響也愈大，冷熱空氣都會從窗戶進入，導致夏天室內高溫、冬天濕冷，我為住家設計的窗戶寬儘1.6公尺、高1.2公尺，採用双層玻璃中間氣化真空的特殊結構，搭配電動式捲窗、中空鋁合金製成作為防盜、窗簾、隔熱、隔冷、隔音，讓室內真正達到冬暖夏涼。

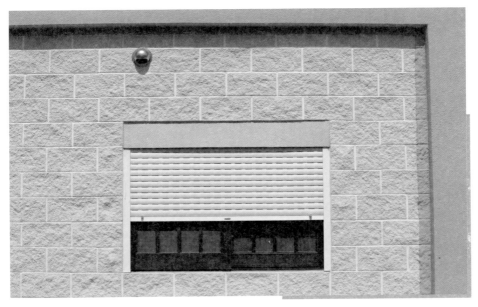

● 鋁合金中空捲窗、防盜、隔熱、隔冷、隔音，比窗簾更好用。

　　好東西，要和好朋友分享，我不藏私，也樂於推廣，這棟建築蓋好後，頗受好評，大愛電視台和三立「草地狀元」、東森電視台都曾親臨現場採訪報導，特地來參觀的朋友也不少，一進室內就能馬上感受到涼爽通風、怡人舒適的空間感，而讚不絕口。

目前，我已受託陸續為朋友設計、蓋妥七棟空心磚建築，即使沒有冷氣空調設備，依舊享有涼夏的居家生活。

但請別誤會，這絕無廣告意圖。

我既非營造業者，也不做建築、建材生意，為朋友設計、蓋房子，完全是義務幫忙，只是想為地球盡一份心力、為環保、為美好家園而努力。

10. 做人互相，有能力時就要多幫助別人——
創建雞朝文創故事館的初衷與願景

1999年底，九二一地震後，上人提出援建災區50多所學校（後又追加很多間）希望工程，我要妻子拿出政府發給我們的房屋全倒慰問金40萬捐給慈濟蓋希望工程。

「錢早就用光了，地震後沒生意，又要繳二千多萬貸款的利息，生活都快成問題了，那來的錢捐？」妻子說。但我總覺得花光那四十萬慰問款是不恰當的。

那時，離農曆年還有一個多月，我心想，給災民住的組合屋蓋得差不多了，也該辭去總指揮，讓埔里連絡處恢復原有的行政運作，我的公司沒生意，乾脆把庫存、和研發出來的茶糖拿去義賣，到了過年

● 參加每一次的義賣，都是連本帶利捐出。

時連本帶利共賣了106萬，全數捐給慈濟建學校。

妻子曾希望能扣下成本，用來過年，但我說：「過年的錢我去借，埔里的學校全倒了，我讀過的小學、兒女讀的學校也倒了，以後孫子要讀的學校在那裏？妳以為這短短的一個月，憑我們的力量能賣到一百多萬嗎？這是我向佛菩薩求的，而且也是師兄、師姐及駱駝車隊、親朋好友感動參加的善舉，這些錢一定要捐，放心吧！過年後我會努力賺錢……」

雞朝文創故事館的緣起與願景

其實，我曾以為那回我的人生恐怕是到底了，一切歸零，再也爬不起來。

未料年初五開工後，公司生意直線上升。

人生福禍實難定論，不是嗎？

幼時，阿嬤常說：「受人點滴，要永遠感恩。」

2010年，我有幸買下昔日舊居「雞條丫」的土地，感念昔時歲月，也感恩生命中每一階段幫助過我的貴人，蓋了「雞朝文創故事館」。

雞朝，即是取「雞條丫」諧音為名，藉此砥礪後代子孫做人務實、誠懇、不忘本；而「朝」字涵義深遠，既指新世代，也象徵著光明破曉、日新又新——文創、發明的深意也正在於此——賦予傳統文化、舊有物件新生命，勇於突破，開創新格局。

• 雞朝文創故事館正面。

　　兒子結婚時，收到的禮金，捐50萬給埔里良顯堂（創辦人為陳綢阿嬤，收留許多中輟生）當時心想，若能為那些失學的孩子們開一扇學習之門，將比捐款對他們更有幫助，我可以分享自己在研發設計方面的經驗，包括設計、繪圖、種茶、炒花生（獨家炒法只要6分鐘，比一般市售花生好吃）、傳統碗粿（幼時我常撿破爛賣錢，買碗粿分給妹妹們帶去學校當午餐，學校同學都叫我「碗粿仔」長大後，我對碗粿有特殊的懷念，曾去學做碗粿）等，都可列為課程內容，給人魚吃，不如教會他如何釣魚，一技在身，生活不求人，因此當我成立雞朝文創故事館時，就將二樓規劃為教室，日後，當一切就緒，應可陸續實踐。

讓大愛永續傳承

　　九二一地震時，我臨危授命，統領救災、復建事宜（埔里、國姓、仁愛、魚池區的慈濟委員　推我接災區總指揮），長久以來，我的言行作風，大家都看在眼裡，災後，一直有很多善心人士來找我，說要捐錢、我都請他們把錢捐到慈濟統一運用，但他們說，已經捐很多錢給慈濟和其他單位，所以就帶他們去捐給學校。之後，又有一些人希望能把捐款用在更直接、能馬上看到成效的地方。

　　災後，政府和慈濟等慈善團體，雖盡力為災民重建家園，但仍有許多弱勢家庭因為種種條件限制，沒有能力、也沒有資格搬進組合屋去住，有些人還住在帳篷、貨櫃或樹下，無處遮風避雨。因此，隔年3月，我成立了「九二一惜時聯誼會」（很多人問我為何叫惜時？意思是──經過大災難才知道要珍惜現在、惜時。），開始為這些邊緣弱勢族群蓋房子，完全免費，但他們必須自己有土地、或親戚朋友願供地者。

　　當時蓋了20多戶，我把每間屋子的花費分成100份，開放認養，隨各人意願，可以2人、3人、或更多人共同認養1份，消息一出，幾乎馬上認養額滿，專款專用，收的錢剛好夠用，就不再接受捐款，不多留下一毛錢。

　　後來，不少朋友一直希望全額出資，例如有位專門作耳溫槍生意的企業家說：「沈仔，我總出啦！2003年SARS發生時，我賺不少錢，應該捐一些出來幫助艱苦人。」這樣的人不少，我也就不再堅持分額認養，有些屋子就由善心人士全額負擔。

　　最近幾年，遇到需要捐助的個案時，我都獨立處理，全部自行吸收。但很多朋友認為這樣是不對的，應該把做好事的機會，分享給大

家來共同負擔,讓每個願意行善的人,都能發揮愛心,廣植福田。因此,在雞朝文創故事館成立之際,也希望能將階段性完成後停擺的「九二一惜時聯誼會」改為「雞朝聯誼會」,重新出發,希望能延續,為不知何去何從的弱勢族群,盡棉薄之力。

唯一的遺憾

有人曾問我您這一生最得意的是什麼?有什麼遺憾?

老實說,我一生行事低調,盡本分做應該做的事,從不覺得有什麼得意之事,至於遺憾嗎?勉強說來倒有一件。

大概在2008、2009年間,有一天花蓮精舍負責靜思文化的德耕師父來電,要我去慈濟三義茶園,幫忙看看茶園,卻不知要做什麼?因此就帶兒子、太太、孫女同行,當做是去郊遊。

當時有二位常住師父問了我一些關於茶園的事(她們知道我有種茶)。過了幾天,精舍常住師父來電說,大家決定請我當三義茶園的場長,要我回精舍向上人報告。

怎麼突然要我去接管茶園?我百般推辭。

但常住師父說上人要見我,我只得回花蓮一趟。妻子怕我真的答應,餘生可能都要在三義渡過了,就派兒子跟我前往。當時我心想,三義茶園總面積200公頃,可非飄逸茶園的10幾公頃,就邀了郭東成師兄同行,他處事較圓融、很會帶人,而且他師姐趙秀英也非常明理幹練,過去我負責的訪視、義診、勘災、救災等事,多虧他們夫婦的大力相挺,才能圓滿達成任務。

到精舍時先被安排與五、六十位常住師父們開會(我第一次跟這麼多師父開會),在眾人強力遊說下,若不答應恐難脫身,只好硬著頭皮拋出二個條件附加2個約定:

一、錢要任我用，二、人要由我定；約定1：我不領薪，約定2：我五年退場。

我原以為拋出這樣的條件，會嚇到常住師父，未料，在場所有人竟全部站起來拍手通過，馬上帶我去見上人。

• 郭東成師兄、趙秀英師姐。

「您怎麼有空？」上人開口先問。

「我是被逼的。」我無奈地回答。

上人笑了，隨即嚴肅的說：「哪天我走了，募款能力如果減弱，三義茶園經營好，可以支援慈濟基金會的救濟工作。」

就衝著上人這句話、我規劃了一年。

當時的規劃是這樣——

在原有的30公頃外，再增闢90公頃新茶園（30公頃軟枝烏龍、30公頃紅茶、30公頃四季春烏龍），舊茶園間種橄欖樹，等橄欖可收成、再廢舊茶園，另種苦茶樹30公頃、咖啡30公頃、養蜂5000箱。土地面積大，把地分一公頃一個單位整平（斜坡土壤肥份流失不利種植），採機械化、全有機種植，改良土壤、有機肥料自行製造。

　　所有車輛全部停在山下，建一輕軌及電動車運送農場資材、人員、物資、平常工作人員及遊客以腳踏車代步。

　　山上建茶廠、擠壓苦茶油、橄欖油廠、咖啡加工廠、蜂蜜收集廠，全部的生產線都透明化，可讓遊客看得到，我告訴常住師父，這樣的規劃維持百年沒問題，接班的人可安心收成。

　　郭師兄很擔心，問我有幾成把握？我說九成九，唯一擔心的只有人事問題。

　　首先，經費沒問題，硬體建設經費慈濟有能力支付，往後有現成的三十甲茶園可收成，我粗估單舊茶園每年約有「1億元」收入（一公頃一季茶以800台斤計，每一台斤售價1500元，一年可採四季，30公頃總計－1500×800×4×30=144,000,000.00），種植、生產、加工、對我來說都是簡單的事，至於銷售，以全有機種植，符合現代人對飲食安全的追尋，絕不成問題，而且社會對慈濟認同感很高、慈濟會員也多，到時恐怕供不應求呢！

　　此外，產品多樣化，將來上山的遊客、會員等，有多種選擇（茶、咖啡、蜂蜜、苦茶油、橄欖油等）而我們的設計從種植、採收、生產、包裝整個過程完全透明化，必獲安心與信任，一定能讓大家快樂消費。

　　計畫雖好，原本在當年的一月一日要去接管三義茶園，但之後因為有許多人對我行事作風有意見，讓我心生退意，就託人回話給上人，說我因要建房子無法上任。此事至今未直接向上人報告，也不知要如何回報。

　　無法協助上人完成心願，這可能是我這輩子的唯一遺憾。

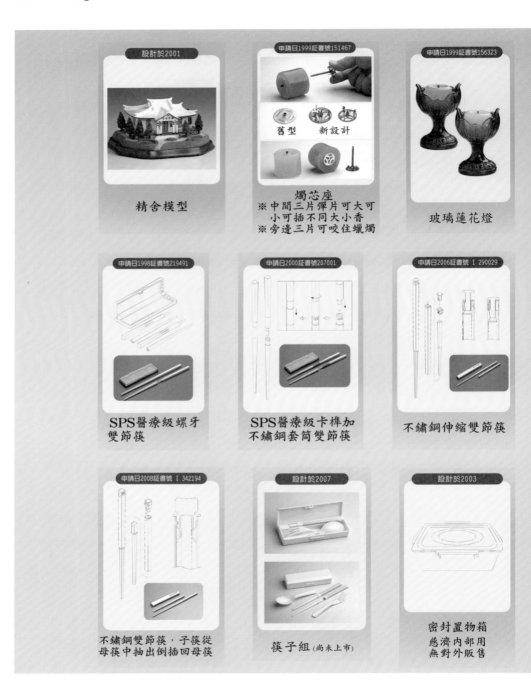

設計於2001

精舍模型

申請日1999証書號151467

舊型　新設計

燭芯座
※中間三片彈片可大可
小可插不同大小香
※旁邊三片可咬住蠟燭

申請日1999証書號156323

玻璃蓮花燈

申請日1998証書號219491

SPS醫療級螺牙
雙節筷

申請日2000証書號207001

SPS醫療級卡榫加
不鏽鋼套筒雙節筷

申請日2006証書號 I 290029

不鏽鋼伸縮雙節筷

申請日2008証書號 I 342194

不鏽鋼雙節筷，子筷從
母筷中抽出倒插回母筷

設計於2007

筷子組(尚未上市)

設計於2003

密封置物箱
慈濟內部用
無對外販售

• 慈濟環保產品。

申請日2006証書號D119023

500cc環保杯有
濾茶網及小茶杯

申請日2010証書號 I 375541

500cc吸管環保杯

設計於1998

170cc環保杯
290cc環保杯

申請日2001案號90301377

保溫餐盒
慈濟內部用
無對外販售

設計於2002

幼兒餐盒組

設計於1999

國際賑災家庭醫藥箱
慈濟內部用
無對外販售

申請日2001案號90110781

碗與盤
碗內有三凸點，相疊
時不會吸住分不開。

申請日2001案號90124372

便當盒

申請日2001案號90110781

可折碗與杯

● 雞朝：前世。

● 雞朝：今生。

▲七年生樹葡萄

樹葡萄（嘉寶果）

樹葡萄（嘉寶果）

　　樹葡萄又名「嘉寶果」，原產地是南美洲的巴西，但因種植十分不容易，故台灣種植的人並不多。

　　飄逸有機農場目前種有三百多棵樹葡萄，樹齡多約七年生的居多，亦有樹齡超過十年的，其果實呈圓形，柔軟多汁，風味特殊。除了鮮果品嘗外，我們亦有製成酵素。樹幹呈淺褐色，樹形優美，也能以庭園景觀方式栽培。

　　樹葡萄酵素：冰糖、樹葡萄經二年日月精華照射轉化而成。

台灣製造　世界首創　是杯也是壺

行動拍檔 ®

攜帶型 熱 冷 兩用
健-康-環-保-隨-身-杯

冷 熱
泡
茶·咖啡
專用杯

行動拍檔特點：

* 是杯也是壺，最佳攜帶型環保沖泡過濾杯。
* 個人最佳健康隨身杯，杜絕傳染病。
* 辦公室最佳個人沖泡器，不怕傾倒弄濕文件。
* 學生上課攜帶最佳茶壺。
* 開車最佳拍檔，單手即可開或關，可置於置杯架上
* 內有濾網可自動過濾，不怕喝到沖泡物。
* 專利洩壓瓶蓋設計，以防止沖泡熱水時氣爆。
* 整組PC製品，耐摔、耐高溫+130℃、透明度好。
* 可沖泡咖啡、花茶、紅茶、綠茶、中藥、水果茶
  健康茶、決明子、茶末、各式茶葉及茶包等等，
  凡是需過濾的均可沖泡攜帶。
* 攜帶外出不漏水，旅遊、上學、辦公室、出國、
  登山、露營、開車時都是您最好之拍檔。

行動拍檔的殊榮：

2005年　台灣設計優良產品
2007年　台北國際發明暨技術交易展-金牌獎
2007年　德國 iF設計大獎
2008年　台灣精品獎
2008年　德國紅點設計大獎-金獎 (red dot: best of the best)
2009年　日本東京國際禮品展-最佳健康環保產品
2010年　台灣文創精品獎
2010年　台灣金點設計獎
2012年　台灣一鄉鎮一特產OTOP產品

iF design award 2007

台灣文創精品
TAIWAN
CULTURAL & CREATIVE BOUTIQUE

GOLDEN PIN
DESIGN MARK
金點設計標章

reddot design award
best of the best 2008

台灣精品 2008
TAIWAN EXCELLENCE

1. 將底蓋打開，
   放置各式茶葉
   、研磨咖啡或
   茶包於濾網內
   並將底蓋適度
   旋緊。

2. 將上蓋打開，
   沖入沸開水；
   亦可沖入冷水
   或冰水沖泡。
   (冷泡法)

3. 按壓開啟，
   即可吸飲。

3. 打開上蓋，
   即可飲用。

置於自行車水壺架上

置於外出背包

置於車上置杯架

 PC-301　
 PC-501　
 PC-701　
 PC-303　
 PC-503　
 PC-703　
 皮帶掛勾　
  揹帶

http://www.piao-i.com

飄 逸 杯 ®

台灣製造・世界首創・是杯也是壺・1984年上市

飄逸杯的特點

＊操作容易，沖泡快速，可控制濃淡，不苦澀，同量之茶葉，比其他茶壺泡的茶湯多。

＊同一杯組，可同時泡茶、過濾及飲茶。

＊本杯組不吸異味，保留原茶香，可當鑑定杯。

＊內有濾網可過濾，凡是需過濾的均可沖泡，不怕喝到沖泡物，泡咖啡不必放濾紙。

＊集合茶壺、過濾、公杯、茶杯、衛生、透明、環保等功能與特色，為一完整泡茶組。

＊「飄逸」杯、「Travel Buddy」、「　　」「PIAO I」、「行動拍檔」為台灣飄逸實業有限公司於中國、美國、歐盟、日本、韓國、台灣....等地區合法註冊商標。　請勿冒用，仿冒必究！

飄逸杯的殊榮

1987年　日本國際發明展(世界天才大展)-金牌獎
1988年　中國國際發明展-金牌獎
1998年　美國匹茲堡國際發明展-二金一銀一銅牌獎
2002年　韓國國際發明展-金牌獎
2002年　台灣設計優良產品
2002年　台灣精品獎

六十秒輕鬆泡好茶小秘訣

1.放入各式茶葉茶包(或咖啡)於內杯。泡咖啡不必放濾紙

3.按出水鈕，茶葉、茶湯自動過濾分離。

2.沖入沸開水並將杯蓋蓋上。

4.外杯可當公杯，內杯可繼續沖泡。

台灣精品 ®
TAIWAN EXCELLENCE
2008

設計優良產品
GOOD DESIGN PRODUCT

PC-656

PC-657

PC-658

GL-864

GL-865

GL-866

GL-867

GL-888

GL-897

GL-898

飄逸 有機農場

松園

＊飄形五葉松、葉冠長十七公尺。
（台灣最大之飄形五葉松）

松 醋

松、糯米、小麥草製成之醋，為醋中極品，
具高抗氧化(清除DPPH自由基能力高)，及
高含量游離胺基酸。

松 酵 素

松、冰糖、優質泉水，經三年日月精華照射
轉化而成，對手腳冰冷有明顯改善。

露根彎曲松樹。

露根彎曲松樹。

飄逸露根彎曲松園。

右三為台灣修剪樹型達人詹益隆老師。

松葉素有仙人食物之稱，是保健聖品。

精力汁作法（一人份）：
新鮮松葉10公克、半顆檸檬（去皮）、水200cc、半顆蘋果，打汁後過濾。

飄逸 有機農場 咖啡

冷泡咖啡專用杯

市面上多有販售冰咖啡或冰滴咖啡，冰咖啡多以熱水沖泡後加冰塊、奶精、糖精等，而冰滴咖啡可能需費時一天才能滴一杯。有機會不妨試試冷泡咖啡的魅力，直接將研磨咖啡以冷開水沖泡並冷藏再飲用，以低溫萃取其咖啡元素，充分汲取其香氣口感，但要小心不要被迷住囉！此杯可耐高溫+130℃，也可熱泡喔！

浸泡式咖啡專用沖泡壺

沖泡簡單、方便快速，不需濾紙最環保，能完全充分吸收咖啡精華，汲取其香氣及口感。

自製咖啡烘焙機，一般烘焙機均為直火型，亦較有苦澀味，此機為間接加熱型，有效減少苦澀味

阿拉比卡種咖啡果紅了（俗稱櫻桃果），即可採收。

很多人常問，好咖啡要如何分辨?個人認為好的咖啡要有
自然的果香甜味，入喉微甘帶涼爽的感覺，當然一定
要有原始的咖啡香氣，而這與烘焙時有很大的關係
因此，我自行研發咖啡烘焙機，此機為間接
加熱型(一般烘焙機均為直火型，較易
因烘焙時控制不當產生苦澀味)，
能有效減少苦澀味。

咖啡醋成份：
咖啡十糯米十小麥草；
咖啡醋的咖啡香味濃郁，口感一級棒。

＊五年咖啡樹、有機認証通過。

飄逸茶園

Q 茶有咖啡因，飲茶好嗎？

A 文獻指出，茶富含「兒茶素」，多攝取對人體有多種健康效應，具有抗氧化、抗發炎、抗致癌作用、抗菌、抗病毒、控制體重、降低血壓、除臭、預防蛀牙...等。

Q 茶要洗嗎？是茶髒要洗、還是怕農藥殘毒？

A 全世界沒有任何國家教人要洗茶，而台灣茶這麼髒嗎?這麼毒嗎?農委會茶葉改良場亦曾發佈，第一泡茶是茶葉之精華，含豐富兒茶素，千萬不要洗掉，而專業之製茶師與評茶師亦決不會倒掉第一泡茶的。若茶真要洗，請問要如何洗才能將茶葉裡、外都洗的乾淨呢?如何洗才能保有茶的原味呢?

採茶情。

Q 隔夜茶能不能喝？

A 若早上八點泡一壺茶，到晚上八點可以喝，晚上八點泡的茶，明天早上八點卻不能喝，您相信這種說法嗎？同樣是間隔十二小時，晚上氣溫較低，茶不易壞，為什麼反而不能喝？無稽之談。
若說茶不能浸泡？那時下流行的下午茶為何可以？全世界恐怕只有台灣人說茶不能浸泡

讚、讚、讚。

泡茶用**飄逸杯（壺）**最省茶葉，也最方便快速。

行動拍檔是世界獨一無二的冷泡茶茶具。

Q 茶可以吃嗎？

A 世界各國都在爭論，要驗茶葉、還是茶湯？驗出有農藥殘毒的茶葉，泡出來的茶湯却無農藥殘毒，古早以前，人們受傷或開刀、洗眼睛等，常是泡濃茶消毒，茶葉能不能吃就見仁見智了。

Q 泡茶最適宜的溫度為何？

A 沖熱茶，應以90℃以上至100℃之滾水沖泡的茶最好喝(包括綠茶)，不要以80多度的水或溫水泡茶，就如同煮菜半生不熟一樣不好喝。

喝茶晚上睡不著的人，不妨試喝冷泡茶，任何茶種都可冷泡。（因已熱炒熟成過了）

飄逸茶園後方、合歡山雪景。

飄逸茶園

位於南投霧社，海拔高度1300公尺以上
長年氣候涼爽，雲霧籠罩，土質良好，
引用泉水灌溉，茶香濃郁，甘甜生津，
堪稱茶中極品。

綠建築

GREEN BUILDING

空心磚粗面。因特殊製造、所以沒有兩塊粗面是一樣的。

空心磚平面。尺寸長 40 公分、高 20 公分，厚度有 12、15、20 公分等三種尺寸，12 公分厚者多用於室內隔間，15、20 公分厚者較適用於外牆。

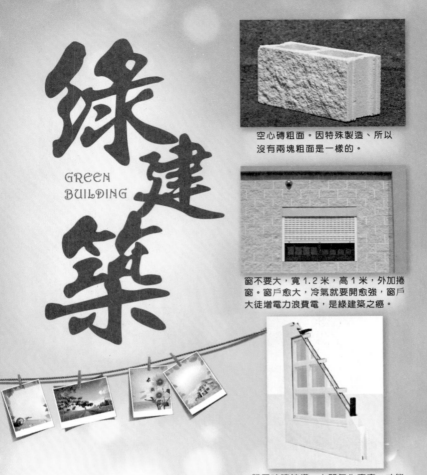

窗不要大，寬 1.2 米，高 1 米，外加捲窗。窗戶愈大，冷氣就要開愈強，窗戶大徒增電力浪費電，是綠建築之癌。

雞朝文創故事館整棟均採用空心磚作為牆面，樑、柱、樓層板則為鋼筋混凝土結構，樑、柱及天花板全部噴石頭漆，可永久不用油漆，窗均採用雙層氣化真空鋁窗，外加捲窗。

雙層玻璃結構，中間氣化真空，才能真正隔絕熱、冷。市面上有許多非氣化真空雙層窗（氣化真空技術市面上還不多見），這樣的雙層玻璃窗效果不佳。

西班牙進口之空心磚有很多排列方式

捲窗為鋁合金抽中空之設計，能隔熱、隔冷、防盜、防颱，亦可當窗簾非常實用。

哪一種建築才夠格叫綠建築？

　　一、外牆不吸熱、不吸冷，夏天晚上屋內牆壁不是熱的；冬天屋內自然暖和；可調節溫度與濕度。

　　二、牆為最大受熱面、窗第二。窗能阻掉多少熱？事實上，窗的大小與節能減碳成反比，窗愈大，冷、熱氣輻射易進入屋內，越需使用冷暖氣機，愈浪費電力，節能減碳功效愈低。

空心磚：家昌（股）公司 - 李錫培先生　　電話：0933-048090
網址：www.gestrong.com　　信箱：kmtsvlee@gmail.com

窗及捲窗：將門公司 - 卓福榮先生　　電話：0930-076088
網址：jm168.myweb.hinet.net　　信箱：jm.geo@msa.hinet.net

石頭漆及防水：興永泰公司 - 林正杰先生　　電話：0922-994171
網址：亞洲建築 - 興永泰工程公司　　信箱：hing.uing.tai@gmail.com

Travel Buddy

飄逸有機農場

油杉

直徑約二十公分的
圓葉翡翠。

直徑約十五公分的
圓葉翡翠。

直徑約二十五公分
的圓葉翡翠。

高約十五公分、坪
林種。

高約十五公分、坪
林種。

高60公分至100公分
圓葉。

　　油杉為冰河時期產物、保育樹種、台灣四大奇木之一，樹形優美、壯碩，木質堅實、耐水濕、紋理直，是建材、傢俱、造船最優材質。

　　在風水上屬陽樹，為陽宅最旺的樹種之一，不須修剪、或刻意彎曲等整形技術、也無病蟲害，最省工的庭園樹，常年翠綠，每年約吐芽兩次，吐芽時高雅漂亮，尤以變種翡翠吐芽時更是一絕，狀若粉紅蓮花座，不輸真正的蓮花。（總統府前兩邊有兩棵、坪林茶博物館後方有好幾棵）相當雄壯。

走自己的路
—— 學徒發明家**沈順從**打拚改變命運

口述／沈順從

撰稿／楊麗玲

發行人／雞朝文創故事館有限公司

總編輯／陳暐

責任主編／陳俊彥

封面及內頁設計／洪瑞伯

全書照片、資料提供／飄逸實業有限公司・雞朝文創故事館

地址／54541台灣南投縣埔里鎮北梅里信義路322號

出版者／四塊玉文創有限公司

總策劃／程顯灝

法律顧問／統領法律事務所

台灣、金門、馬祖、總代理／三友圖書有限公司

地址／106臺北市安和路二段213號4樓

電話／02-2377-4155

傳真／02-2377-4355

E-mail／service@sanyau.com.tw

郵政劃撥／05844889

總經銷／大和書報圖書股份有限公司

地址／新北市新莊區五工五路 2 號

電話／02-8990-2588

傳真／02-2299-7900

初版／2014年01月　定價／新台幣320元

ISBN／978-986-90082-7-3

國家圖書館出版品預行編目(CIP)資料

走自己的路：學徒發明家沈順從打拚改變命運：沈順從口述；
楊麗玲採訪.撰稿 ──初版.──台北市：四塊玉文創，
2014.01
　面；　公分
ISBN 978-986-90082-7-3 (平裝)
　1.沈順從　2.臺灣傳記

783.3886　　　　　　　　　　　　102024703